In dieser Reihe sind
bisher erschienen:

Richtig Aerobic
Richtig Badminton
Richtig Basketball
Richtig Body-Styling
Richtig Carven
Richtig Fitness-Skating
Richtig Fußball
Richtig Golf
Richtig Golf länger und genauer
Richtig Golf rund ums Grün
Richtig Inline-Skating
Richtig Jogging
Richtig Kanufahren
Richtig Karate
Richtig Marathon
Richtig Mountainbiken
Richtig Muskeltraining
Richtig Paragliding
Richtig Reiten
Richtig Rennradfahren
Richtig Schwimmen
Richtig Segeln
Richtig Skitouren
Richtig Snowboarding
Richtig Sportklettern
Richtig Stretching
Richtig Taekwondo
Richtig Tanzen Lateinamerikanische Tänze
Richtig Tanzen Standardtänze
Richtig Tanzen Modetänze
Richtig Tauchen
Richtig Tennis
Richtig Tennistraining
Richtig Tai-Bo
Richtig Tischtennis
Richtig Torwarttraining
Richtig Volleyball
Richtig Walking
Richtig Yoga

BLV SPORTPRAXIS TOP

Josef Giehrl
Michael Hahn

RICHTIG

Schwimmen

blv

Die Deutsche Bibliothek –
CIP-Einheitsaufnahme

Ein Titeldatensatz für diese Publikation
ist bei Der Deutschen Bibliothek erhältlich

Autoren und Verlag danken der Firma Solar
für ihre freundliche Unterstützung

Hinweis
Das vorliegende Buch wurde sorgfältig erarbeitet. Dennoch erfolgen alle Angaben ohne Gewähr. Weder Autor noch Verlag können für eventuelle Nachteile oder Schäden, die aus den im Buch vorgestellten Übungen und Informationen resultieren, eine Haftung übernehmen.

BLV Verlagsgesellschaft mbH
München Wien Zürich
80797 München

BLV Sportpraxis Top

Achte, durchgesehene Auflage

Herstellung und DTP: Rosemarie Schmid
Druck: Bosch-Druck GmbH, Ergolding
Bindung: Bückers GmbH, Anzing

Gedruckt auf chlorfrei gebleichtem Papier

Printed in Germany • ISBN 3-405-15864-8

Josef Giehrl, Jahrgang 1928, war als Aktiver, Trainer und Dozent an der Bayerischen Sportakademie und an der Technischen Universität München dem Schwimmen auf vielen Ebenen verbunden. Von 1958 bis 1990 hat er Gymnasial-, Grund- und Hauptschullehrer, Vereinsübungsleiter, Schwimmmeister und Schwimmlehrer ausgebildet und förderte in enger Verbindung von Praxis und Theorie das »richtige Schwimmen«.

Michael Hahn, Jahrgang 1962, ist Dozent an der Technischen Universität München und leitet dort das Fachgebiet Schwimmen. In seiner aktiven Zeit konnte er in den 80er Jahren mehrere Deutsche Meisterschaften und Rekorde über 200 m Lagen erringen. Sein Wissen gibt er als Mitglied des Lehrstabs im Bayerischen Schwimmverband an junge Trainer weiter.

Bildnachweis
Alle Fotos BLV Archiv Sport außer
Sport Fahnemann S. 114, 115
Josef Giehrl S. 45 u., 47 o. (2), 112
Oryk Haist S. 2, 11, 12, 13, 35, 36, 39, 51, 52, 72, 73, 84, 92, 93, 94, 95, 100, 126
Maria Mühlberger S. 59 o. (1)
Archiv Münchner Stadtwerke S. 7
Laci Pérenyi S. 75
Pictor International S. 6, 9, 109
Hans Rauchensteiner S. 33
Peter Stückl S. 25, 27 (1), 29 (2), 32 (2), 43, 45 o., M. (2), 55, 57 (2), 59 u. (1), 67
Alle Grafiken von Jörg Mair nach Vorlagen von Barbara von Damnitz

Umschlagfotos: Bongarts Sportfotografie

Inhalt

Vorwort

Der Freizeitsport Schwimmen bedeutet eine Ausweitung der Gestaltungsmöglichkeiten des menschlichen Daseins. Das ist ein großes Wort; aber es lohnt sich, darüber nachzudenken. Schwimmen, gut schwimmen zu können, ist für das Kind und den Jugendlichen ein bedeutungsvolles Erlebnis. Beim Badbesuch sich ins »tiefe« Wasser zu wagen, mit Freunden allein ins Schwimmbad zu dürfen, der erste Sprung vom 3-Meter-Brett: Das sind unaustauschbare Erfahrungen, die alle Kinder machen sollten.

Nur dem sicheren Schwimmer eröffnen sich Freizeitbetätigungen wie Windsurfen, Kanu oder Kajak fahren. Was ist ein Urlaub am Meer ohne ein erfrischendes Bad, ohne das schwebende Getragenwerden von der Dünung oder das Anstemmen gegen Brandungswellen? Um wie viel erlebnisreicher ist ein Badeurlaub, wenn man mit Flossen, Schnorchel und Taucherbrille eine abgelegene Badebucht schwimmend ansteuern und ungestört Fische und Pflanzen beobachten kann? Schwimmen, gut schwimmen zu können, ist die Voraussetzung, um auch mit zunehmendem Alter und abnehmender Leistungsfähigkeit noch die kreislaufanregende Wirkung des Badens und Schwimmens zu nutzen. Die Alpinski verstauben schon lange im Keller, Geräteturnen und das aktive Spiel in der Mannschaft sind schöne Jugenderinnerungen; für das Rundendrehen im Schwimmbad gibt es jedoch keine Altersbegrenzung. Aber wem diese Sportart nicht ständiger Lebensbegleiter war, dem wird auch dann, wenn der Arzt aus therapeutischen Gründen oder zur Wiederherstellung der Beweglichkeit nach Verletzung oder Unfall zum Schwimmen rät, die heilsame Wirkung des Bewegungsbades nur unvollständig nützen.
»Richtiges Schwimmen« wird in Schule und Verein gelehrt. Welches Leistungsniveau man auch immer erreicht, wie häufig und intensiv man trainiert, ob man Wasserball spielt, Schwimmwettkämpfe bestreitet oder

Harmonisches Nebeneinander von Spaßbereich und Sportschwimmbecken in einer modernen Schwimmlandschaft.

sich einer Gruppe von Kunstschwimmern anschließt: Vom gehobenen schwimmerischen Können zehrt man lebenslang.
Der richtige Schwimmer sollte ausdauernd schwimmen und sich in mehreren Schwimmarten fortbewegen können. Das ist die Grundlage, um ungewohnte Situationen zu meistern und im Notfall helfen zu können. Zum richtigen Schwimmer gehört in der Jugend die Geschicklichkeit zum Springen. Die Rücksicht auf die Frisur sollte die gute Schwimmerin nicht daran hindern, ins Wasser hinein auszuatmen und zu tauchen. Wer noch im gesetzten Alter als »Pferd« beim Reiterkampf, als Partner beim »Fangermandel« (= Haschen) und beim »Wasserrugby« mitspielt, zeigt sich auch hier als richtiger Schwimmer.

Schwimmen ist keine Trendsportart. Deshalb kann »Richtig Schwimmen« in vielen Kapiteln fast unverändert in die 8. Auflage gehen.
Es soll und muss aber geprüft werden, ob sich der Zugang zur Kultur- und Sporttechnik Schwimmen in den letzten Jahrzehnten verändert hat. Der Bäderboom bis weit in die 70er Jahre hinein ist vorbei. Diese Schwimmbecken werden heute vielfach saniert und dabei häufig zu »Erlebnisbädern« umgebaut. Problematisch wird solch ein Umbau, wenn Sportbecken verschwinden oder nur ein kleines »Alibi-Becken« übrig bleibt. Diesem Umbau fallen auch vielfach Sprunganlagen, für Kinder und Jugendliche eine Quelle für Spaß, Mut, Körperbeherrschung und Selbstbeherrschung, zum Opfer.

Wenn dann solche Anlagen, wohl weiter unterstützt von den Gemeinden, an private Betreiber übergehen und die Eintrittspreise für Familien mit geringem Einkommen unerschwinglich werden, ist es Zeit, über wirtschaftliche Gesichtspunkte hinaus, die Gemeinde an die Daseinsfürsorge für ihre Bürger zu erinnern:

- Gesundheit: Erhaltung, Regeneration, Rehabilitation
- Freizeit: Erholung, Entspannung, Erlebnis
- Sport: Schul-, Vereins-, Versehrten-, Leistungssport
- Lebenssicherheit: Schwimmenkönnen, Rettungsschwimmen

Die neuen »Erlebnisbäder« privater Investoren und Betreiber in Ferienregionen oder Außenbereichen von Großstädten nehmen nur indirekt Einfluss auf das Phänomen Schwimmen. Die physische und psychische Entspannung bei diesem »Urlaub vor der Haustür« muss meist teuer bezahlt werden.

Nutzen Kinder und Jugendliche die Attraktionen solcher Badelandschaften mit Strömungskanal, Whirlpools, Kinderplanschbecken, so gewöhnen sie sich an das Element Wasser und gewinnen zunehmend Wasservertrautheit. Eine Voraussetzung zum Schwimmen.

Nach der Spaßorgie im temperierten »Erlebnisbad« ist es im Schwimmunterricht der Schulen sicher schwierig, die Kinder für das Üben der verschiedenen Schwimmtechniken im nüchternen Schulschwimmbad zu begeistern.

Während ältere Menschen vermehrt regelmäßig die Sportbecken nutzen und die Schwimmwettkämpfe der Senioren (erste Altersklasse schon ab 20 Jahren) riesige Teilnehmerzahlen aufweisen, kämpft das unspektakuläre Schwimmen bei den Jugendlichen mit Inline-Skating, Skateboarding, Snowboarding und dem heimischen PC um Übungszeit.

Der Schwimmunterricht an Schulen leidet an der Verminderung der Sportstunden und an der Vorschrift, dass im Klassenverband unterrichtet werden muss. 25 und mehr Kinder mit unterschiedlichem Können sind ein Sicherheitsrisiko und überfordern auch den methodisch gut geschulten Lehrer.

Schwimmvereine und Verbände (Wasserwacht, DLRG) können bei den zunehmend eingeschränkten Übungszeiten in den öffentlichen Bädern nur einen Teil der Defizite beim Schwimmenlernen ausgleichen. Bleibt vielfach nur der private Bereich, um das Schwimmen zu fördern und bewusster auszuüben. Dabei kann dieses Buch helfen.

Michael Hahn, Co-Autor ab der 7. Auflage, hat die Kapitel Technik und Methodik, speziell für das Brustschwimmen und die Starttechniken, sowie den Bereich der Dehnungsgymnastik überarbeitet. Davon profitiert auch sicher der sportlich ambitionierte Schwimmer.

Jedoch: Schwimmen lernt man nur durch Schwimmen!

Einführung

Die Technik des Schwimmens gehört, trotz der Beliebtheit und weiten Verbreitung als Freizeitbeschäftigung und als wichtiger Lerninhalt des Sportunterrichts in der Schule, zu den nur recht oberflächlich bekannten Bewegungsabläufen im Sport. Selbst die geläufigste Schwimmart – das Brustschwimmen – kann nur selten präzise beschrieben werden. Während Skiläufer in ihrer Sportart im Verlaufe des Winters Umsteigeschwünge hundertfach im Fernsehen geistig mitüben können und der Fußballfan den perfekten Spannstoß an jedem Wochenende in Zeitlupe, Standbild, vor- und rückwärts aus zwei verschiedenen Kamerapositionen auf drei verschiedenen Kanälen bewundern kann – der Weg zu einer präzis geschlagenen Flanke bleibt zwar dennoch recht weit, wird vielfach aber gar nicht beschritten –, fehlen dem Autodidakten beim Schwimmen solche nützlichen optischen Informationen. Gelegentliche Fernsehberichte zeigen fliegende Arme beim Krauler und Schmetterlingsschwimmer, wippende Köpfe beim Brustschwimmen und blitzschnelle Rollwenden. Aber die entscheidenden Antriebsbewegungen bleiben im Wasser verborgen. Die umfangreiche methodische Schwimmliteratur informiert in erster Linie die »Profis«: Trainer, Lehrer und Übungsleiter. Der interessierte Laie kommt jedoch zu kurz. Dieses Buch wendet sich an:

1. Interessierte **Freizeitschwimmer**, die aus unterschiedlichen Gründen mehr von der Schwimmtechnik und dem Schwimmtraining wissen wollen.
2. **Lehrer, Eltern, Geschwister, Freunde** und **Partner**, die sachkundig beim Schwimmenlernen und -üben, beim gemeinsamen Planen und Ausführen eines Ausdauertrainings durch Schwimmen helfen wollen.

Unter den Augen des Partners schwimmt's sich leichter und sicherer.

3. **Jugendliche Sportschwimmer** und **»Gesundheitsschwimmer«.** Für beide Gruppen geht es beim Schwimmtraining neben dem »Wie« auch um das »Warum«. Schwimmtraining ist umso erfolgreicher, je mehr der Schwimmer darüber weiß.
4. **Schwimmlehrer** und **Übungsleiter**. Die Bildreihen dienen zum Vorzeigen und sollen das Bewegungslernen unterstützen.

Das Kapitel »Grundlagenwissen« bietet Informationen zur Physik des Schwimmens, beschreibt und erläutert Grundregeln beim Lehren und Lernen. Wer die Testübungen aus dem Kapitel »Grundlagenkönnen« durchführt, verfügt sicher über die Voraussetzungen, um ausgewählte Übungsformen selbst oder mit Hilfe eines Partners zu versuchen, dann Arm- und Beinbewegungen zu verbinden und die verschiedenen Schwimmarten in grober Form zu erlernen.
Dieses **Selbstlernen** und **-üben** hat seine Probleme und Tücken:

- **Neue Bewegungen** aus diesem Buch zu lernen, ist für Kinder sicher nicht möglich, für interessierte Jugendliche dagegen denkbar. Meist bedarf es der Anleitung durch Partner. Bewegungserfahrenen Erwachsenen darf man am ehesten zutrauen, die Tipps zum Selbstlernen auch in die Praxis umzusetzen.
- Das **Verlernen** falscher Bewegungen ist fast noch schwieriger als das Neulernen. Nur durch äußerste Konzentration und mit Hilfe eines korrigierenden Partners sowie durch Einsatz von Gerätehilfen lässt sich z. B. eine »Schere« beim Brustschwimmen abbauen.

Wer aber um den richtigen Bewegungsablauf weiß – und Voraussetzungen hierzu leistet dieses Buch mit seinen Bildreihen, Bewegungsbeschreibungen und -erklärungen –, kann überhaupt erst versuchen, Teilbewegungen im Sinne von »richtig« zu verändern. Beim Lernen durch Partnerhilfe ist weniger an aufdringliche Schulmeisterei gedacht als an die vielen Situationen, in denen ein Partner sich sachkundiger zum Schwimmen äußern will.
Wer sich auf Prüfungen oder ein Leistungsabzeichen kontrolliert vorbereiten oder auch nur seine Leistungsfähigkeit durch Schwimmen erhalten bzw. verbessern will, erhält aus dem Kapitel »Training« theoretische Begründungen und Anregungen für die individuelle Trainingsplanung.
Für Badevergnügen und Freizeit wurden praktikable »Spielvorschläge« zusammengetragen. Hinweise auf »richtiges Verhalten beim Baden und Schwimmen« beschließen das Buch.

Zweckmäßige Badekleidung mit Schwimmanzug (einteilig) und Schwimmhose aus schnell trocknendem Material.

Übungshilfen

Alle gezeigten Übungshilfen sind im guten Fachhandel erhältlich.

Schwimmbrett
Mit seiner Hilfe lassen sich die Beinbewegungen aller Schwimmarten gut üben. Am oberen Ende fassen für stabile Wasserlage.

Pull-buoy
Eine zwischen den Oberschenkeln festgeklemmte »Zieh-Boje« sichert die flache Lage, wenn nur die Armbewegung geübt werden soll.

Flossen
Sie dürfen im öffentlichen Badebetrieb nicht verwendet werden, Verletzungsgefahr! Wo sie aber getragen werden können, lässt sich bei allen Schlagschwimmarten die Beinbewegung gut erlernen und innerhalb der Gesamtbewegung die Armbewegung kontrollierter ausführen. Beim Schnorcheln sind Flossen unerlässlich.

Schwimmbrille, Nasenklemme, Badekappe
Schwimmbrillen schützen vor Bindehautreizungen durch chloriertes Wasser. Im Wasser lassen sich die eigenen Bewegungen oder die des Partners besser beobachten. Nasenklemmen verhindern das Eindringen von Wasser in die Nase beim Rückenschwimmen oder bei der Rollwende.
Die Badekappe sorgt für gute Sicht und freie Atmung bei längerem Haar.

Paddles
Paddles (»Schwimmbrettchen«) vergrößern den Widerstand der Armbewegungen aller Schwimmarten. Das verbessert die Armkraft. Kleinere für Sprint und Kraftausdauer, größere für Muskelzuwachs.

Gummiband, Zugseil
Bei der Schulung von Kraft und Beweglichkeit sind diese Geräte nützliche Helfer.

Fachbegriffe

Jede Sportart verwendet in Theorie und Praxis eine bestimmte Fachsprache. Das erleichtert die schnelle und eindeutige Verständigung. Folgende Fachbegriffe werden im Text mehrfach verwendet:

Ausdauer Widerstandsfähigkeit gegen Ermüdung bei länger anhaltender Belastung. Beim Fitnessschwimmer wird vornehmlich die allgemeine Ausdauer geschult. Die Energiegewinnung erfolgt überwiegend unter Sauerstoffzufuhr (aerob).

Beobachtung Im Gegensatz zur zufälligen Wahrnehmung ist die Beobachtung geplant und auf bestimmte Bewegungsmerkmale gerichtet. Die **Selbstbeobachtung** beim Schwimmen ist stark eingeschränkt. Die Fremdbeobachtung bleibt ungenau, weil die Schwimmbewegungen unter Wasser nur verzerrt beobachtet werden können.

Beweglichkeit Fähigkeit, Bewegungen mit großem Bewegungsumfang auszuführen.

Bewegungsmerkmal Sichtbares wesentliches Kennzeichen sportlicher Bewegungen.

Bewegungsrhythmus Jede sportliche Bewegung verläuft in einer ganz bestimmten zeitlichen Ordnung. Beobachter und Schwimmer erfassen diesen Rhythmus als charakteristischen Wechsel von Spannung und Entspannung der Muskulatur.

Bewegungsstruktur Jede sportliche Bewegung verläuft in einer ganz bestimmten, vom Zweck der Bewegung her geforderten Art und Weise in Raum und Zeit.
Auch Schwimmbewegungen zeigen deutliche Abschnitte (Phasen). Die Schwimmbewegungen sind zweiphasig, zyklisch. Einer Vorbereitungsphase folgt die Hauptphase (Antriebsphase) mit weiteren Abschnitten (Zug-, Druckphase). Starts und Wende dagegen sind dreiphasig. Hier folgt der Hauptphase noch eine Ausklangsphase (Gleitphase), welche den Übergang zum Schwimmen bildet.

Bewegungsvorstellung Bildhafte Vorstellung einer Bewegung, die in Gedanken nachvollzogen wird. Bildreihen und Filme helfen bei deren Aufbau.

Dauermethode Methode zur Schaffung der allgemeinen aeroben Ausdauer. Die Schwimmbewegungen werden dabei in geringer bis mittlerer Belastung ausgeführt.

Einschwimmen, Aufwärmen Zu Beginn jeder Trainingseinheit wird nach individuellem Programm der Kreislauf angeregt und die Beweglichkeit in den Gelenken vergrößert.

Feinform (einer Bewegung) Die Bewegungen haben einen größeren Umfang, sind genauer.

Gleitübungen Wichtige Gruppe von Übungen innerhalb der Wassergewöhnung als Voraussetzung für die Schwimmbewegungen.

Grobform (einer Bewegung) Die wichtigsten Kennzeichen der Bewegungsstruktur zeichnen sich ab.

Information Mitteilung mit Neuigkeitswert. Im Sport werden akustische (Sprache), visuelle (Vormachen, Film, Zeichnung) und taktile (Berührung durch den Partner) Informationen vermittelt.

Intervallmethode Trainingsmethode zur Verbesserung der aeroben Ausdauer. Kennzeichen sind dosierte Belastung und unvollständige Erholungspausen.

Kondition, Fitness Die Kondition umfasst nicht nur die physischen Leistungsfaktoren Ausdauer, Kraft, Schnelligkeit und Beweglichkeit. Erst durch Willenskraft, Leistungsfreude, Stimmung und Temperament werden diese Faktoren in individuelle Leistung umgesetzt.

Koordination, Bewegungskoordination Alle Bewegungshandlungen werden auf ein Ziel hin ausgerichtet.

Kraft Fähigkeit, durch Muskeleinsatz Widerstände zu überwinden. Der Schwimmer braucht nicht die Maximalkraft des Gewichthebers. Er benötigt die komplexe Fähigkeit Kraftausdauer.

Lernen, motorisches Lernen Neu- bzw. Umlernen von Bewegungsfertigkeiten.

Schwimmart Die Wettkampfbestimmungen nennen: Kraulschwimmen (Freistilschwimmen), Brustschwimmen, Rückenschwimmen (Rückenkraulschwimmen), Schmetterlingsschwimmen, Lagenschwimmen (Kombination der 4 Einzeltechniken).

Schwimmlage Häufig als Synonym mit Schwimmart verwendet, bezeichnet aber die dem Wasser zugewandte Körperseite: Brust-, Rücken-, Seitenlage.

Stil, sportlicher Ausdruck der individuellen Besonderheiten eines bestimmten Sportlers beim Anwenden einer sportlichen Technik.

Technik, Schwimmtechnik Art und Weise, wie nach mechanischen Gesetzmäßigkeiten eine sportliche Bewegungsaufgabe zweckmäßig gelöst werden kann.

Training, sportliches Summe aller Maßnahmen, die zur Steigerung der Kondition, Verbesserung der Technik und zu bestimmten Einstellungen zum Sport führen soll.

Übungsform Durch Übungsformen werden Bewegungen gelernt, geübt und dabei immer zweckmäßiger ausgeführt. Übungsreihen und -folgen ordnen die Übungsformen nach ihrer Schwierigkeit und Komplexität.

Grundlagenwissen

Physik des Schwimmens

Schwimmen – Statisch

Wer die **physikalischen Gesetzmäßigkeiten** kennt, die den Aufenthalt und die Fortbewegung des Menschen im Wasser beeinflussen, kann das beim Erlernen und Üben der Schwimmtechnik anwenden.

Auftrieb

Auftrieb ist die Kraft, die von unten gegen einen ins Wasser getauchten Körper wirkt. Ein Körper schwebt, wenn Körpergewicht und Gewicht der verdrängten Wassermenge gleich groß sind. Ist das Körpergewicht kleiner als der Auftrieb, ragen Teile des Körpers (Kopf, Rücken) aus dem Wasser. Ist das Körpergewicht größer als das Gewicht der Wassermenge, die der Körper verdrängt, sinkt der Körper ab.
Wegen des höheren Knochenanteils der Beine und des luftgefüllten Brustkorbes bleibt der menschliche Körper nur selten als »toter Mann« flach auf dem Wasser liegen. Nach einiger Zeit sacken zuerst die Beine, dann möglicherweise der ganze Körper im Wasser ab.

Fakten

- Das spezifische Gewicht von Kindern und Frauen ist kleiner als das des Mannes. Das begünstigt das Schwimmen und Schweben im Wasser.
- Mit zunehmendem Alter, bei besonders starkem Knochenbau und kräftiger Beinmuskulatur (Fußballer, Skiläufer) verschlechtert sich die Schwimmlage.
- Salzwasser verbessert den Auftrieb. Im toten Meer kann man auf Grund des hohen Salzgehaltes nicht untergehen.
- Lagetest: Einatmen – auf das Wasser legen – Beine und Arme abspreizen! Wie verändert sich in etwa 15 Sekunden die Lage? Sacken die Beine schnell weg?

Das Ergebnis dieses Tests zeigt, ob ein Schwimmer gut liegt, ob er viel Kraft für den Vortrieb nutzen kann und wenig für den Auftrieb einsetzen muss.

Schwimmen – Dynamisch

Bei Schwimmbewegungen geht es darum, Widerstände herabzusetzen, aber auch den Antrieb durch optimale Ausnutzung des Wasserwiderstandes zu vergrößern (siehe Abb. Brustschwimmen).

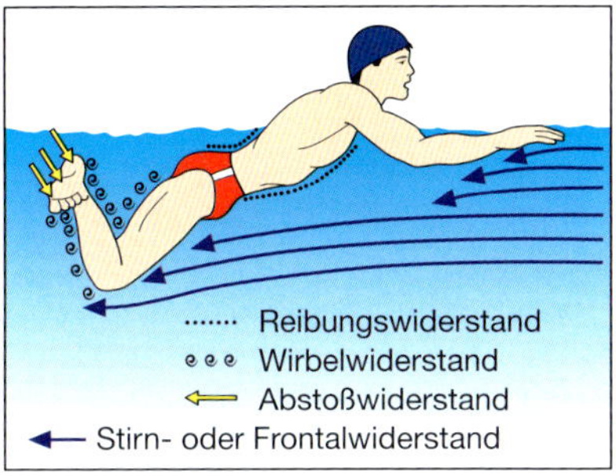

Vortrieb

Stirnwiderstand
Die Fläche, die bei der Vorwärtsbewegung dem Wasser entgegengestellt wird, und die Geschwindigkeit, mit der sich der Schwimmer durch das Wasser bewegt, bestimmen die Bremswirkung.

Beim Gleiten oder beim Abstoß nach der Wende sind der ganze Körper gestreckt, der Bauch eingezogen, Arme und Hände über dem Kopf ausgestreckt. Das vermindert den Stirnwiderstand.

Abdruckwiderstand
Um sich möglichst gut abzudrücken, muss der Schwimmer die Flächen, mit denen er sich vom Wasser abdrücken kann, vergrößern.

Künstlich wird der Abdruckwiderstand durch Flossen und Paddles vergrößert.

Wirbelwiderstand
Hinter einem Körper, der durch das Wasser bewegt wird, entstehen Wirbel, die eine bremsende Sogwirkung haben. Der Körperbau eines Schwimmers beeinflusst diese Widerstandsgröße.

Der Wirbelwiderstand lässt sich durch eine flache Schwimmlage günstig beeinflussen.

Reibungswiderstand
An der Grenzfläche zwischen Haut und Wasser entstehen bremsende Widerstände. Für den Durchschnittsschwimmer ist diese Reibung nur von geringer Bedeutung.

Sportschwimmer pflegen sich vor großen Wettkämpfen die Körperhaare zu rasieren. Der Zeitgewinn beträgt pro 100 m bis zu 1 Sekunde.

Allgemeine Verhaltensregeln beim dynamischen Schwimmen

Aus den physikalischen Gesetzmäßigkeiten und den Wettkampfbestimmungen für die Schwimmarten Kraul, Brust, Rücken und Delphin ergeben sich einige wichtige **Grundregeln**, nach denen man den eigenen Körper schwimmend vorwärts bewegt:

Fakten

Beim Erlernen der Technik der Schwimmarten geht es darum, gegen diese Grundregeln nicht deutlich zu verstoßen. Häufig muss in der praktischen Ausführung der Schwimmarten ein Kompromiss zwischen diesen Verhaltensregeln gesucht werden.

- Gegen die Schwimmrichtung bewegte Flächen sollen möglichst klein bleiben.

Beim Brustschwimmen sollten die Oberschenkel nicht vor den Bauch angehockt werden.

- Mit möglichst großen Flächen der Hände, Arme und Beine ist das Wasser fußwärts wegzudrücken. Das soll parallel zur Wasseroberfläche, mit zunehmender Geschwindigkeit und nahe der Körperlängsachse erfolgen.

Die Hand ist zu einer geraden Schaufel zu formen. Beim Brustschwimmen drückt man noch mit den Fußsohlen vom Wasser ab.

- Verringerung des Stirnwiderstandes durch Vorbringen der Hände über Wasser.

Das ist ein erstrebenswertes Ziel auch beim Brustschwimmen.

- Beim Kraul-, Rücken- und Schmetterlingsschwimmen sind die Arme nahe der Körperlängsachse außerhalb des Wassers in die neue Ausgangsstellung zu schwingen.

Kontrolliertes Drehen um die Körperlängsachse beim Kraul- und Rückenschwimmen ist kein Fehler. Das erleichtert das Vorschwingen des Armes.

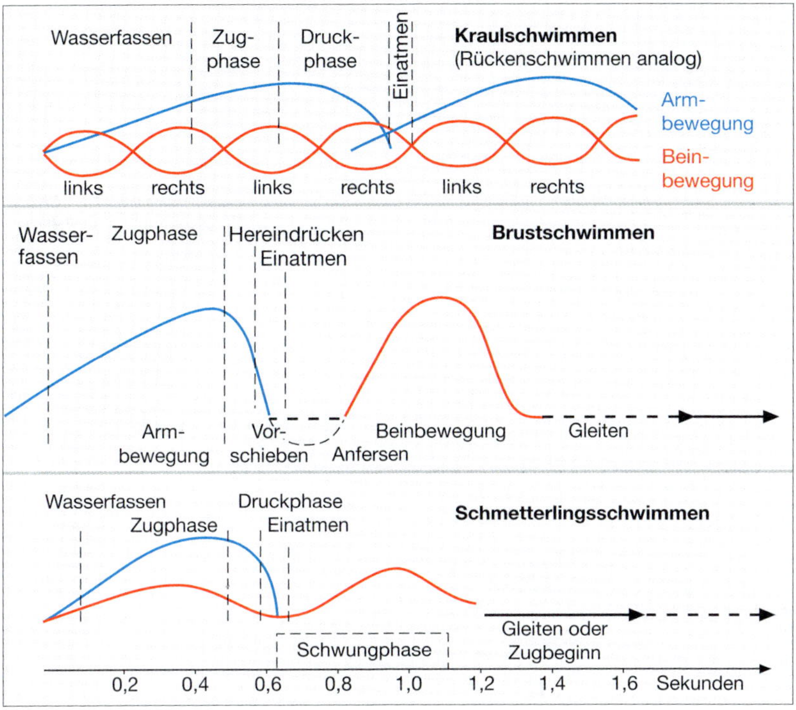

Anhand einer **schematischen Darstellung** der Antriebsimpulse (siehe Grafik oben) bei den verschiedenen Schwimmtechniken (diese Werte wurden bei Leistungsschwimmern ermittelt) ist auf der Zeitachse folgendes abzulesen:

- Dauer eines Schwimmzyklus
- Koordination der Arm- und Beinbewegung
- Dauer des Wasserfassens, -ziehens und -drückens
- Zeitpunkt der Einatmung in Verbindung mit der entsprechenden Armbewegung

Dabei fällt auf:

Kraul- und Rückenschwimmen

- Pausenloser Antrieb
- Überlagerung von Arm- und Beinbewegung sowie der Arme

Brustschwimmen

- Der kräftige Antrieb aus Armen und Beinen (fast 1:1)
- Die Vortriebsunterbrechung zwischen Armzug und Beinschlag

Schmetterlingsschwimmen

- Koordination von 2 Beinbewegungen mit 1 Armbewegung
- Der zweite kräftige Beinschlag unterstützt den Armvorschwung.

Lehren und Lernen

Übungsziele

Schwimmtechnik
Teile der Schwimmbewegung sollen in ihrer Grundstruktur zuerst in ihrer **Grobform** erlernt, dann immer gekonnter, zweckmäßiger in **»Feinform«** ausgeführt, geübt und trainiert werden. Bei der Selbstbeobachtung und Beobachtung durch einen Partner sind folgende allgemeine **Bewegungsmerkmale** besonders wichtig:

- Die angestrebte Bewegung muss zunehmend **genauer** werden. So soll bei der Kraularmbewegung die Hand bei fast gestrecktem Arm zwischen Schulterbreite und Verlängerung der Körperlängsachse eintauchen.
- Der **Umfang der Bewegung** darf nicht zu weit, aber auch nicht zu eng sein. Die Kraulbeinbewegung muss eine den Körperproportionen des Schwimmers angemessene Ausschlagsweite von 40–60 cm haben.
- Das **Tempo** jeder Teilbewegung darf nicht zu hastig, aber auch nicht zu langsam sein. Die ersten Brustschwimmversuche von Kindern sind häufig zu zappelig. Aber mit zu langsam ausgeführten Armbewegungen kommt der Schwimmer auch nicht vorwärts.
- Der angenehme, harmonische Eindruck, der von einem guten Kraulschwimmer ausgeht, zeigt sich im Wechsel von Spannung und Entspannung im Gleichmaß der Bewegungen, im **Rhythmus**. Dies ist das Kennzeichen guten Zusammenspiels aller Teilbewegungen.
- Die **Kraft** muss an der richtigen Stelle des Bewegungsablaufes dosiert eingesetzt werden. Unökonomisch sind ein ruckartiger Beginn des Wasserfassens beim Kraularmzug und ein kraftloses Wegdrücken des Wassers nach hinten.
- Gute Schwimmbewegungen sind **flüssig**. Im Verlauf der Bewegungen zeigen sich keine explosiven Richtungsänderungen.

Kondition
Beim Erlernen und Üben der Schwimmtechnik kommt es zwangsläufig zur Verbesserung der Kondition. Unter diesem Sammelbegriff sind Ausdauer, Kraft, Schnelligkeit und Beweglichkeit zu verstehen. Beim Üben unter Belastung und beim Trainieren werden diese motorischen Grundeigenschaften gezielt verbessert.

Übungsformen

Die Schwimmbewegungen sind viel zu ungewohnt und vielgestaltig, als dass man sie auf Anhieb und in ihrer Gesamtheit sofort ausführen könnte. Mit ausgewählten Übungsformen werden in einer bestimmten Reihenfolge Teilbewegungen und die Gesamtbewegung gelehrt und gelernt.

Lern- und Übungsschema I
Von Teil- zu Gesamtbewegungen:

- Erlernen und Üben der **Beinbewegung**
- Erlernen und Üben der **Armbewegung**
- Erlernen und Üben der **Gesamtbewegung**
- Erlernen und Üben der **Atmung** in Verbindung mit Bein-, Arm- und Gesamtbewegung

Dieses Schema ist nicht starr. Je nach Alter, »Talent« und Bewegungserfahrung werden auch Teilbewegungen verschiedener Schwimmarten nebeneinander geschult. Die Gesamtbewegung sollte zwischendurch immer wieder versucht werden.

Lern- und Übungsschema II
Vom Leichten zum Schweren:

- Schaffen einer **Bewegungsvorstellung** durch das Betrachten von Bildreihen und Filmen
- Einstimmen auf den **Grundrhythmus,** der mit jeder einzelnen Teilbewegung verbunden werden kann. Dieser Rhythmus wird von bewegungserfahrenen Lehrern taktiert, kann aber auch beim Betrachten guter Schwimmer nachempfunden werden.
- Die Armbewegungen aller Schwimmarten lassen sich **an Land nachahmen.**
- Die Armbewegungen aller Schwimmarten lassen sich im **brusttiefen** Wasser im Stand und Gehen, die Beinbewegungen im **stütztiefen** Wasser, am Beckenrand oder an einer Einstiegstreppe versuchen.
- Ein **Partner** hilft beim Erlernen der Beinbewegung durch Ziehen, bei der Armbewegung durch sanftes Schieben.
- Das Lernen und Üben wird erleichtert durch **Hilfsgeräte** wie Pullbuoy, Schwimmbrett, Flossen u. a. Aus dieser Gruppe von Übungen kommen die wichtigsten Lern- und Übungsformen (Kernübungen).
- Teilbewegungen sind unter diesen **erleichterten Bedingungen** so lange zu üben, bis etwa 25 m ohne Pause zurückgelegt werden können.
- Die **Gesamtbewegung** ist zuerst **ohne,** dann **mit Atmung** zu versuchen.
- Durch **ungewöhnliche** Bewegungs- und **Koordinationsaufgaben** wird die Schwimmtechnik stabilisiert.

Tipps zum Selbstlernen

Das Hauptproblem beim Erlernen und Verbessern von Schwimmtechniken liegt darin, dass man die Bewegungserfahrungen des Landes (laufen, springen, werfen, stützen, schieben) im Wasser nur bedingt nützen kann. Es dauert einige Zeit, bis ein zukünftiger Schwimmer mit dem Wasser wirklich vertraut ist.
Neu und ungewohnt ist folgendes:

- Der Schwimmer liegt waagrecht, fast schwerelos im Wasser.
- Unwillkürliche Bewegungen und Reflexe – so das Schließen der Augen beim Spritzen oder die Scheu, den Mund ins Wasser zu tauchen und gegen den Wasserdruck auszuatmen – müssen abgebaut werden.
- Bei der Beinbewegung müssen Teilbewegungen in ungewohnte Richtungen und Bewegungsebenen ausgeführt und selten beanspruchte Muskelgruppen eingesetzt werden.
- An Land lassen sich viele Bewegungen mit den Augen beobachten, beim Anlaufen zum Hochsprung hört der Springer seine Tritte. Beim Schwimmen ist Sehen und Hören eingeschränkt.
- Der Muskelsinn, der den Beugewinkel von Gelenken und den allgemeinen Spannungszustand von Muskeln anzeigt, meldet beim Schwimmen erst nach langer Übungszeit die »richtige« Bewegungsausführung.

Bei den »Tipps zum Selbstlernen« wird speziell auf diese Möglichkeiten hingewiesen, nämlich Bewegungen zu beobachten, typische Wassergeräusche zu hören, höheren oder geringeren Druck an bestimmten Körperstellen zu spüren, Muskelgruppen anzuspannen oder zu lockern.
Mit zunehmendem Können verbessert sich auch diese Fähigkeit zur Selbstbeobachtung.
Selbstbeobachtung verkürzt die Lernzeit, gibt dem Üben zusätzlichen Sinn und ist notwendig, um die Bewegungsanweisungen eines Partners auch auszuführen.

Tipps zur Partnerhilfe

Der Partner kann:

- zum Schwimmen und Baden **ermuntern**
- durch Mitspielen die Wasserscheu überwinden helfen, zum Üben **anleiten,** neue Übungsformen **aufgeben.** Auch kleine Leistungsfortschritte sind zu loben.
- Schwimmbewegungen **vormachen**
- **Helfen und Sichern:** Beim Erlernen der Kraularmbewegung sichert ein Partner die Schwimmlage, indem er den Übenden an den Knien oder an den Füßen festhält.
- **Puls messen:** sehr wichtig für die Dosierung des Trainings
- **Belastung vergrößern:** Der Partner hängt sich an die Beine des Schwimmers, der ihn mit kräftiger Armbewegung durch das Wasser schleppt.

- **Zeit nehmen:** Bei Leistungsüberprüfungen ist es günstig, wenn ein Helfer Zwischen- und Endzeiten stoppt, beim Intervalltraining die Belastungsgröße und Pausen überwacht.
- **Schwimmhilfen bereitstellen**: vom Schwimmmeister ausleihen oder kaufen
- Schwimmbewegungen beobachten, Fehler feststellen, **korrigieren**

Die **Bewegungskorrektur** beim Schwimmen ist recht schwierig. Die für den Antrieb entscheidenden Bewegungen finden unter Wasser statt, deren exakter Verlauf eigentlich nur durch ein Unterwasserfenster oder mit einer Schwimm- oder Taucherbrille zu beobachten ist. Diese Beobachtungstechniken sollte ein Partner häufig anwenden. Aus dem Vergleich dieser beobachteten Bewegung mit einem Idealbild (mit den Zeichnungen in diesem Buch wird die gute Bewegungsausführung dargestellt) lässt sich dann ein »Fehler« als deutliche Abweichung von der »Norm« näher beschreiben. Nacheinander sind zu beobachten:

- Schwimmlage und Kopfhaltung
- Atmung
- Wirkung der Hauptantriebskraft (die Armbewegung beim Kraulschwimmen)
- Zusammenspiel von Arm- und Beinbewegung

Die Hauptfehler bei Lage, Atmung und Hauptantriebsmittel sollten zuerst beseitigt werden.

Am Beispiel der Kraularmbewegung wird der Ablauf der Fehlerkorrektur verdeutlicht.

- Der Partner sollte den Fehler nicht nur ansprechen: »Die Hand verlässt zu nahe an der Hüfte das Wasser.«
- Besser ist es, eine neue Bewegungsaufgabe zu stellen: »Streife mit dem Zeigefinger den Oberschenkel!«
- Um die erwünschte Wirkung zu erreichen, muss diese Aufgabe übertrieben formuliert werden: »Streife mit dem Zeigefinger den Oberschenkel knapp über dem Knie!«

Bei weiteren Versuchen genügt dann schon der Zuruf »streifen!« oder nur noch das Vormachen des Anstreifens. Wo immer möglich, sollte ein Partner/Lehrer die Schwimmbewegungen filmen oder mit einer Videokamera aufnehmen. Die rasche Analyse solcher Aufnahmen unterstützt das Bewegungslernen.

Grundlagenkönnen

Wassergewöhnung

Atemtechnik

Schwimmen als Ausdauersportart erfordert ausgefeilte und automatisierte Atemtechnik. Während beim Brustschwimmen in gröbster Form noch über Wasser aus- und eingeatmet werden kann und beim Rückenschwimmen die Atmung ohnehin erleichtert ist, erzwingt das Kraul- und Schmetterlingsschwimmen folgendes:

- **Ausatmung** durch Mund und Nase gegen den Widerstand des Wassers. Der wenig geübte Schwimmer hält die Luft an, wenn er ins Wasser geht. Die bewusste Ausatmung ist zu lernen und häufig zu üben.
- **Einatmung** ausschließlich durch den Mund
- Die Ausatmung dauert länger. Sie soll gerade dann beendet sein, wenn die Mundöffnung die Wasseroberfläche erreicht. Die Augen sind immer geöffnet.

Atemrhythmus: aaauus – ein lang – kurz

So übt man das Atmen.

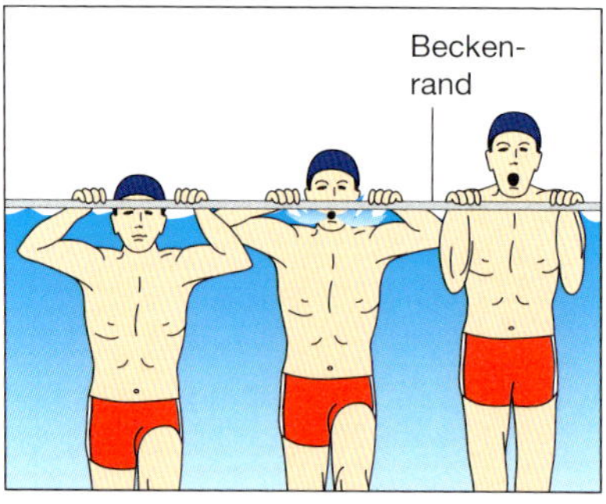

Test
Am Beckenrand oder an der Überlaufrinne festhalten, bis zur Schulterlinie eintauchen. Durch den Mund einatmen. Anschließend untertauchen bis zum Haaransatz oder Rand der Bademütze. Mit dem Auftauchen kräftig durch Mund und Nase ausatmen.
Diese Übung ist 20-mal zu wiederholen.

Übungen zur Verbesserung der Atemtechnik

- Ausatmen in der Badewanne. Einatmen flach über dem Wasser durch Kopfdrehen nach der Seite.
- Mit vorgebeugtem Oberkörper langsam durchs Wasser gehen. Die Hände über dem Gesäß fassen und das Gesicht in das Wasser stecken. Durch Kopfdrehen nach links und rechts einatmen. So zeigt sich schnell die Atemseite, d. h. die Seite, nach der ein Schwimmer später vorzugsweise die Einatmung beim Kraulschwimmen ausführt.

Tauchen

Tauchen, d. h. sich unter die Wasseroberfläche begeben, dort die Augen öffnen, seine Bewegungen und die anderer Schwimmer beobachten, sich auf ein Ziel hinbewegen, Gegenstände aufnehmen und transportieren können, ist eine weitere wichtige Voraussetzung zum richtigen Schwimmen.

Test

1. Halstiefes Wasser
Aufnehmen von vier Tauchringen von einer etwa 4 qm großen Bodenfläche.

2. Wassertiefe 2 m
Komplexübung. Aus der Neigehaltung vom Beckenrand kopfwärts eintauchen, anschließend einen Tauchring aufheben, der 2 m vom Beckenrand entfernt liegt.

Übungen zur Verbesserung des Tauchens

- Beachte immer: einatmen vor dem Tauchen, ausatmen unter Wasser
- Auf- und niederspringen im flachen Wasser, auch mit einem Partner. Dabei soll der Körper immer weiter untertauchen.
- Tauchen unter Hindernissen hindurch (=Tauchen und Gleiten): z. B. unter einer Trennleine hindurch oder durch die gegrätschten Beine eines Partners
- Tauchen mit Öffnen der Augen: nach Gegenständen (Tauchringe, Tauchteller) tauchen und dabei die Tauchtiefe vergrößern
- Tauchen kopfwärts: kopfwärts eintauchen aus dem Stand. Dabei Hände immer vor den Kopf strecken, da sonst Verletzungsgefahr. Kopfwärts eintauchen aus Sitz am Beckenrand.

Augen auf beim Tauchen.

Tauchen ist die Grundlage für das Weittauchen und Tieftauchen als Bedingung für die verschiedenen Schwimmabzeichen und für das Rettungsschwimmen.

Gleiten

Die Fähigkeit, auf und unter der Wasseroberfläche in Brust-, Rücken- und Seitenlage gestreckt und damit widerstandsarm zu gleiten, ist ein wichtiges Element guter Schwimmtechnik. Die Gleitfähigkeit beeinflusst die Schwimmlage, den Start und die Wende.

Übungen zur Verbesserung der Gleitfähigkeit

- Aus dem Hockstand aus 2 m Entfernung (3, 4, 5 m) auf den Beckenrand zugleiten.
- Hockstand (brusttiefes Wasser): Abstoß vom Boden – Gleiten (dabei ausatmen) – Hockstand – Gleiten usw.
- Partnerübung: Die Partner schwimmen aufeinander zu. Bei der Begegnung berühren sich die Hände. Die Beine werden unter den Körper gehockt, bis sich die Fußsohlen berühren. Nach Abstoß gleitet jeder Partner in Rückenlage möglichst weit in die neue Schwimmrichtung.

Test
Gleiten in Brustlage
Stand mit dem Rücken nahe am Beckenrand. Ein Bein befindet sich mit Fußsohle angestemmt an der Wand. Die Arme sind über den Kopf gesteckt, die Oberarme an die Ohren gepresst, die Daumen verhakt. Mit dem Einatmen senkt sich der Rumpf bis in die Horizontale. Nach dem Abstoß gleitet der Schwimmer zuerst knapp unter, dann an der Wasseroberfläche. Maß für die Gleitfähigkeit ist die Entfernung der Füße vom Beckenrand, wenn der Körper zum Stillstand kommt.

Gut: etwa 5 m
Ausreichend: 3 m

Springen

Springen bereichert die Betätigungsmöglichkeiten im Schwimmbad. Mit einem Startsprung beginnt das sportliche Schwimmen. Der Springer braucht Mut, einige Selbstüberwindung und bei den Vorübungen zum Kunstspringen zunehmend Körperbeherrschung. Beim »volkstümlichen Springen« werden Wasserwiderstand, Wasserdruck im sprungtiefen Wasser und Auftrieb deutlich empfunden.

Test

1. **Freier Fußsprung**
   Vom Beckenrand ins brusttiefe Wasser springen. Hände und Füße müssen den Beckenboden berühren.
2. **Bombe**
   Im Stand rücklings werden die Fußgelenke umfasst. Rückwärts fallen lassen. Hände erst tief im Wasser lösen.

Übungen zum Springen
(Volkstümliches Springen)

Sprünge fußwärts

- Paketsprung
- Grätschsprung, Hocksprung, Strecksprung

Kopfsprünge

- Abrenner

Rollen

- Aus dem Hockstand am Beckenrand Purzelbaum ins Wasser
- Rückenlage auf dem 1-Meter-Brett: Abrollen nach rückwärts

Wer wagt diesen Sprung?

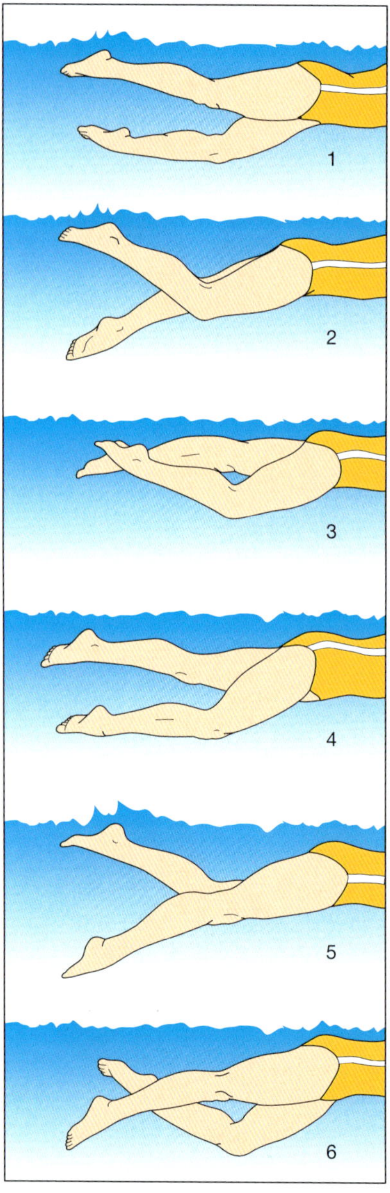

Technik und Praxis

Kraulschwimmen

Beinbewegung

Die Beinbewegung hat für das Kraulschwimmen unterschiedliche Bedeutung. Lern- und Lebensalter, Schnellschwimmen über 50 m oder Dauerschwimmen über 1500 m verändern die Intensität und Wirkung der Beinbewegung. Allgemein gilt: Die **Beinbewegung** beim Kraulschwimmen hat vornehmlich die **Aufgabe,** die **Lage** des Körpers, die durch Arm- und Kopfbewegungen verändert wird, zu **stabilisieren.** Vor allem bei Kindern und bei Jugendlichen treiben die geschmeidigen Beinbewegungen stärker an.

Die Beine werden wechselseitig auf- und abwärts bewegt (1). Bei der Abwärtsbewegung sinkt zuerst der Oberschenkel ab (2), dann schnellt der Unterschenkel nach (3, 4). Diese Bewegung gleicht einem Spannstoß beim Fußball («kicken«). Der Wasserdruck dreht Bein und lockeres Fußgelenk nach einwärts. Noch bevor der Fuß den tiefsten Punkt erreicht hat, wird durch den Oberschenkel die Aufwärtsbewegung eingeleitet (5). Hier folgen der Unterschenkel und die Ferse dieser Bewegung nach.

Fehler:
Nicht »Rad fahren«! Vorderseite des Oberschenkels bremst.

Fehler:
Fußgelenk nicht wie einen Schürhaken beugen!

Fehler:
Die Beine schlagen zu weit aus dem Wasser.

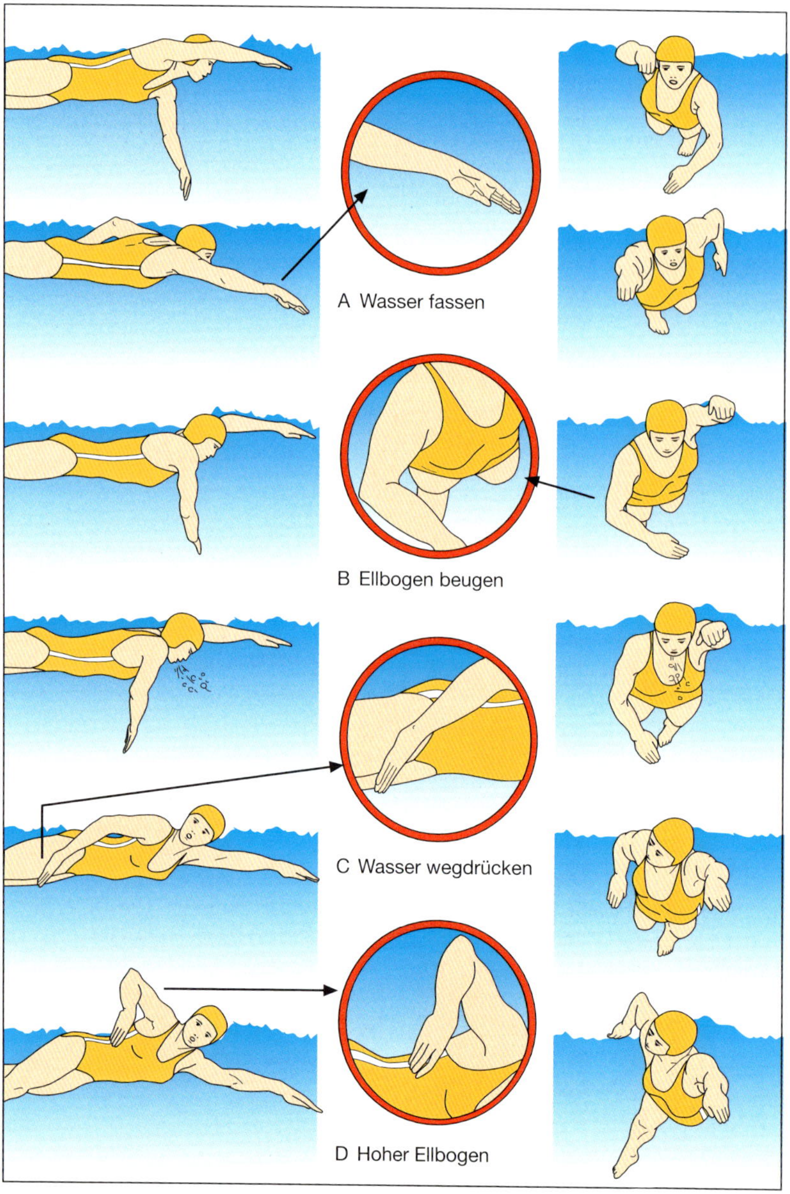
A Wasser fassen
B Ellbogen beugen
C Wasser wegdrücken
D Hoher Ellbogen

Armbewegung

Die technisch richtige Armbewegung bildet den **Hauptantrieb** für das Kraulschwimmen. Keine andere Schwimmart kann die Armbewegung so zweckmäßig zum Vortrieb einsetzen. Um aber die Technik der Armbewegung auch gut ausführen zu können, braucht man Kraft.
Durch ausdauerndes Schwimmen allein dauert die Ausbildung der Armkraft recht lange. Schneller erreicht man sie durch Konditionsübungen mit dem Zugseil oder Fitnessband.

Wasserfassen, Zug- und Druckphase
Bevor der Krauler sich am Wasser vorwärts ziehen und dann nach vorne abdrücken kann, muss er das Wasser **»fassen«** (A). Dabei liegen die Finger aneinander, die Hand ist wie zu einer **flachen** Schaufel geschlossen.
Während der gesamten Bewegung der Arme im Wasser sollte man sich vorstellen, die Fingerkuppen führten die Armbewegung an und zögen eine Leuchtspur durch das Wasser. Das Abbild dieser Leuchtspur wäre fast eine Gerade unter dem Körper. Vom Eintauchpunkt der Hand, zwischen Verlängerung der Schulter und Körperlängsachse, bewegt sich die Hand nach unten, ohne dass sie durch den Wasserdruck abknickt.
Bis zur Schulterhöhe **zieht** sich der Schwimmer vorwärts, dabei wird der Arm im Ellbogengelenk gebeugt. In Höhe der Schulter beträgt der Beugewinkel bei Ausdauerschwimmern zwischen 90 und 100° (B), bei Sprintern 130° und mehr.
Bis die Hand nahe dem Oberschenkel aus dem Wasser geschwungen wird, **drücken** Hand und Unterarm das Wasser unter dem Brustkorb und Bauch in Richtung Zehenspitzen zurück (C).

Schwungphase
Nach der Belastung im Wasser soll die Armmuskulatur beim Vorschwingen außerhalb des Wassers entspannen. Das gelingt nur, wenn aus einem letzten Nachdruck im Wasser so viel Schwung mitgegeben wird, dass der Arm ohne zusätzliche Haltearbeit wieder zum Eintauchpunkt gelangt. Der Ellbogen ist dabei hoch, Unterarm und Hand schwingen entspannt nach vorne (D).
Die Hand taucht locker, aber widerstandsarm ein. Dabei müssen die entstehenden Luftblasen für guten Vortrieb abgestreift werden.
Vortriebs- und Schwungphase beider Arme sollen sich so überlagern, dass ein Arm immer antreibt, während der andere nach vorne schwingt. Das Wasserfassen weit vor dem Körper sowie die Atmung werden erleichtert, wenn sich der Oberkörper des Schwimmers bei ruhiger Kopfhaltung beidseitig gleichmäßig um die Längsachse dreht, d. h. herum »rollt«.

Häufige Fehler beim Kraulschwimmen

1 Die Hand weicht aus, der Ellbogen führt die Bewegung an.

2 Der Arm ist im Vorschwung zu wenig gebeugt.

3 Der Schwungarm wird über die Körperlängsachse hinweggeschleudert.

4 Die Hand sticht zu nah am Kopf ins Wasser.

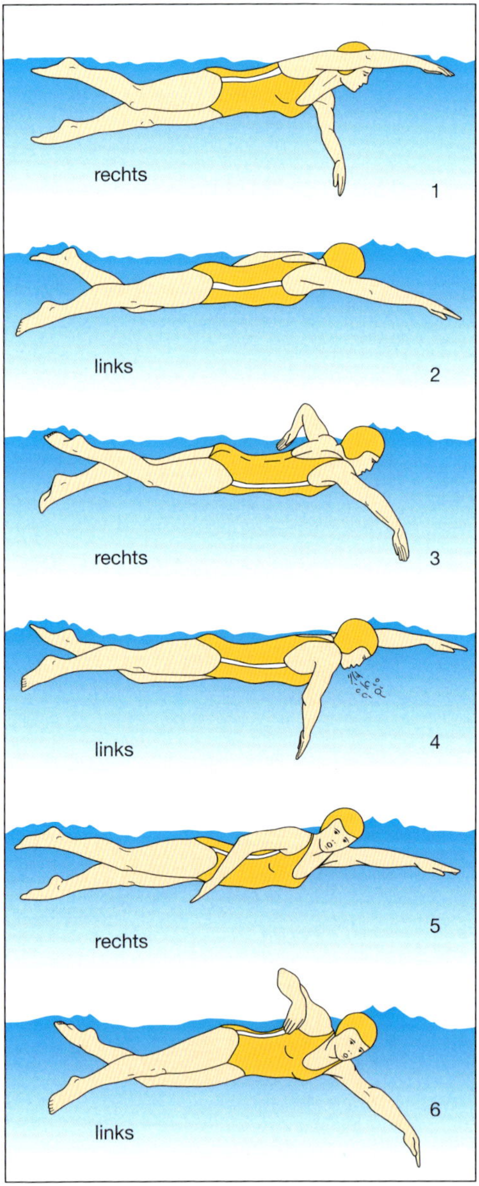

Koordination

Zwei Hauptmuster der Verbindung von Arm- und Beinbewegung sind unter vielen stilistischen Varianten zu erkennen:

Sechserbeinschlag (1–6)
Hier werden mit einem Armzyklus (je eine Armbewegung des linken und rechten Armes) sechs Beinbewegungen gekoppelt. Die Bildreihe zeigt diese Technikvariante. Die Beine befinden sich gerade vor der Abwärtsbewegung.

Zweierbeinschlag
Mit einem Armzyklus werden zwei Beinbewegungen verbunden. Während Sprinter den Sechserbeinschlag bevorzugen, schwimmen Langstreckenkrauler häufig mit Zweierbeinschlag. Diese Technikvariante ist insgesamt ökonomischer.

Lage

Damit die Beine den Schwimmer vorwärts schieben und die Arme den Körper vorwärts ziehen können, muss der Schwimmer gut im Wasser liegen. Das Gesicht taucht so weit ins Wasser, bis die Wasserlinie den Bademützenrand oder den Haaransatz erreicht (3). Die geöffneten Augen blicken schräg nach vorneabwärts zum Beckenboden. Das Gesäß ist vom Wasser knapp bedeckt. Die Hüfte darf nicht abgeknickt sein, der Bauch nicht durchhängen.

Atmung

Richtig kraulschwimmen heißt richtig atmen. Die Atemübungen (siehe S. 24) sollten die Voraussetzung zum technisch guten Atmen schaffen. Beim Kraulen muss passend zur Armbewegung geatmet werden. Mit Beginn des Zuges und dann verstärkt beim Wegdrücken des Wassers muss durch Mund und Nase ausgeatmet werden. Mit dem Blick der ziehenden Hand folgend wird der Kopf zur Seite gedreht und schnell eingeatmet. Mit dem vorschwingenden Arm dreht der Kopf in die Ausgangslage zurück und ein neuer Atemzyklus beginnt. Kopfhaltung und Atmung beeinflussen Lage und Koordination.
Grobe Fehler ergeben sich, wenn der Kopf zum Einatmen zu stark oder zu spät angehoben wird, oder wie festgeschraubt auf dem Rumpf sitzt und der Oberkörper zum Einatmen zu weit herumrollt.

Atmungsvarianten
Wer mit der üblichen **»Zweierzug«**-Atmung bereits gut zurechtkommt und wer durch Ausdauertraining sein Lungenfassvermögen erhöht hat, sollte folgende Atemrhythmen versuchen:

- *Dreierzug-Atmung:*
  Abwechselnd wird auf der rechten und linken Seite eingeatmet: (gleichmäßige Belastung der Rücken- und Nackenmuskulatur).
- *Viererzug-Atmung:*
  Einsatz vorwiegend im Sprintbereich.

1 Beginn der Einatmung.
2 Einatmen im Wellental.
3 Ende der Einatmung.
4 Zurückdrehen des Kopfes.

Übungsziel

Beinbewegung Grobform

Grundrhythmus
Von den ersten Versuchen an soll der Wechselschlag der Beine im richtigen Zeitmaß versucht werden.
Bewegungsverlauf
Zwar unterscheidet sich die Beinbewegung als Einzelbewegung von der Beinbewegung in der Gesamtbewegung Kraul, doch lassen sich wichtige Abschnitte der Bewegung isoliert besser einüben.

Beinbewegung Feinform

Die Beine werden, ohne Unterbrechung, flüssig in angemessener Ausschlagsweite bewegt. Dazu wird regelmäßig geatmet. Die Beinbewegung soll gut antreiben.

Test
4 x 25 m Kraulbeinbewegung mit Schwimmbrett. Atmen im Wechsel nach links und rechts.

Übungsformen

- Strecksitz am Beckenrand, Oberkörper zurückgelehnt, Hände stützen ab: beide Beine im Wasser auf- und abbewegen.
- Brusttiefes Wasser, Schwimmlage, auf Treppe abstützen: Beine auf- und abbewegen.
- Partner 1 zieht Partner 2 durch das Wasser: Partner 2 macht Kraulbeinbewegung.
- Abstoß vom Beckenrand: mit Kraulbeinbewegung durch die gegrätschten Beine eines Partners tauchen.
- Den Körper fußwärts ins Becken abstoßen: durch Beinbewegung zurücktreiben.
- Beinbewegung mit Schwimmflossen.

Kernübung
- Kraulbeinbewegung mit Schwimmbrett. Regelmäßig ein- und ausatmen.

- Beinschlagbewegungen in verschiedenen Körperlagen: Seitenlage, Rückenlage, fortlaufende Drehungen um die Längsachse.
- Kraulbeinbewegung ohne Schwimmbrett.
  Arme nach vorne gestreckt, neben der Hüfte oder Hände auf dem Gesäß.

Tipps zum Selbstlernen

Beim Auf- und Abbewegen der Beine den Grundrhythmus mitzählen: »links – rechts – links – rechts – links – rechts« (6 Beinschläge in etwa 2 Sekunden ausführen).

Die Beine lange ausstrecken. Während der Bewegung bleiben die Füße im Wasser. Das Wasser sprudelt nur dumpf. Der Partner darf nicht zu kräftig ziehen.
Der Abdruck vom Fußrist ist zu spüren.
Bei all diesen Übungen ist durch bewusste Veränderung der Ausschlagsweite der Beine der Wasserwiderstand immer besser zu fühlen.

Bei jeder Schwimmbahn sollte sich der Übende nur auf jeweils ein Bewegungsmerkmal konzentrieren:
- **Schlagrhythmus:** Er ist zu hören und zu spüren.
- **Lockere Fußgelenke:** »Flossen!«
- **Nähe der Füße:** »Großzehen streifen aneinander!«

Nach jeder Bahnlänge die Körperlage ändern, die Geschwindigkeit steigern und wieder langsamer werden. Längere Strecken schwimmen.

Tipps zur Partnerhilfe

Korrigieren
Die Beine dürfen nicht stark spritzend aus dem Wasser schlagen. Vom überstreckten Fußspann das Wasser wegdrücken lassen. Die Beine sollen dicht nebeneinander bewegt werden (helfen bei dieser Übung).

Beobachten
Die Hüfte soll knapp unter der Wasseroberfläche sein. Das Gesicht liegt auf dem Wasser.

Anleiten
Flossenschwimmen macht das Fußgelenk beweglicher, kräftigt die Beinmuskulatur, motiviert zum Kraulschwimmen.

Anweisen, beobachten
Das Schwimmbrett wird vorne oben gefasst. Die Arme liegen auf dem Brett. Die Ellbogen sind gestreckt, die Schultern nach vorne geschoben. Den Kopf zur Einatmung in den Nacken nehmen.

Aufgeben
Durch neue Bewegungsaufgaben muss die Eintönigkeit des Übens aufgelockert werden.

Übungsziel

Armbewegung Grobform

Bewegungsverlauf
Die Hände ziehen nach unten-hinten an den Oberschenkeln vorbei und schwingen über Wasser nach vorne.
Dynamik
Die Bewegung beginnt tastend langsam. Sie wird kraftvoll, wenn der gebeugte Arm unter dem Rumpf das Wasser wegdrückt. Der Arm schwingt schnell und entspannt außerhalb des Wassers nach vorne.

Armbewegung Feinform
Der optimale Antrieb durch die Arme kommt aus der Überlagerung der Zug- und Druckphase beider Arme, aus dem Wechsel von Spannung und Entspannung und dem richtigen Maß des »Rollens« um die Längsachse.

Test
4 x 25 m Kraularmbewegung mit Pull-buoy und regelmäßiger Atmung nach der »guten« Seite.

Übungsformen

- Stand an Land, Oberkörper vorgeneigt, Schrittstellung: Nachahmen der Kraularmbewegung.

- Brusttiefes Wasser, bis zur Schulterlinie eintauchen: Kraularmbewegung im Gehen. Zuerst ohne, dann mit Atmung nach der Seite.

- Partnerübung: P 1 hält P 2 an den Füßen; P 2 führt, leicht angeschoben durch P 1, Kraularmbewegung aus.

- Abstoßen: Kraularmbewegung, Atmung nach jedem vierten Armzug. Beine werden locker entspannt mitbewegt.

Kernübung
- Kraularmbewegung mit Pull-buoy. Verschiedene Atemrhythmen.

- Abschlagschwimmen: Aus der Hochhalte werden beide Arme abwechselnd gezogen.
- Dicht am Beckenrand schwimmen. Im Vorschwung muss dabei der Ellbogen hoch angehoben werden.
- Mit Paddles und Pull-buoy.

Tipps zum Selbstlernen

Die Armbewegung kann vor einem Spiegel kontrolliert werden. Zuerst mit einem Arm üben, dann das Zusammenspiel beider Arme.

Mit vorgeneigtem Oberkörper vor dem Beckenrand stehen. Finger berühren die Wand. Abwechselnd ziehen.

Selbstbeobachtung

Wasserfassen, -ziehen, -drücken:

- Selbstbefehle: »Greifen-beugen-streifen!«
- Zugverlauf der Hand, gebeugter Ellbogen.

Vorschwingen:

- Im Vorschwingen die Hand entspannen lassen.
- Die Hand widerstandsarm eintauchen – Luftblasen abstreifen.

Tipps zur Partnerhilfe

Vormachen, Mitmachen

Das gekonnte Vorbild des Partners schafft die richtige Bewegungsvorstellung.

Spielen

Um die Wette mit dem Partner schnell durch das Wasser gehen, dabei mit Armen und Händen das Wasser wegschaufeln.

Helfen, Korrigieren

Der Partner unterstützt die Schwimmlage und beobachtet den Armeinsatz in Verlängerung der Schulter und die Stelle, an der der Zugarm nahe dem Oberschenkel das Wasser verlässt.

Beobachten

Die Armbewegung des Partners lässt sich mittels Taucher- oder Schwimmbrille unter Wasser beobachten. Durch »Überkorrektur« wird versucht, grobe Fehler abzustellen.

Aufgeben

Die Armkraft ist durch Zusatzaufgaben, durch Übungen mit dem Zugseil, die Beweglichkeit im Schultergelenk durch aktive und passive Gymnastik zu verbessern.

Übungsziel

Gesamtbewegung mit Atmung

Die Bein- und Armbewegung sowie die Atmung mit ihren unterschiedlichen zeitlichen Rhythmen müssen als »Sechserbeinschlag« oder als »Zweierbeinschlag« zunehmend feiner koordiniert werden.
Bei der Gesamtbewegung gibt es von Veranlagung, Körperbau und Lerngeschichte her viele von diesen Koordinationsmustern abweichende individuelle Ausführungen. Die Zugeständnisse gegenüber dem »Stil«, d. h. der individuellen Ausprägung der Technik, enden dort, wo gegen Grundregeln der Biomechanik verstoßen wird.

Atemtechnik

Gute Atemtechnik ermöglicht erst ausdauerndes Kraulschwimmen. Sie muss auf allen Könnensstufen bewusst geschult werden.

Test

2 x 25 m Kraulgesamtbewegung mit »Dreierzugatmung«.

Übungsformen

- Abstoß, Gleiten: Kraulgesamtbewegung ohne Atmung über eine kurze Schwimmstrecke.
- Abstoß, Gleiten, Beinbewegung: Erst nach 6–10 m setzt die Armbewegung ein und wird der Beinbewegung zugeschaltet. Nach jedem vierten Armzug atmen.
- Abschlagschwimmen: Die Beine treiben pausenlos an. Der rechte Arm liegt nach vorne gestreckt, mit dem linken Arm wird durchgezogen. Vor dem Durchzug des linken Armes bleiben beide Arme 1–2 Sek. ausgestreckt liegen. Immer zur Zugarmseite hin atmen.
- Auf einer Bahnlänge abwechselnd stärker und schwächer um die Längsachse »rollen«.

Kernübung

- Kraulschwimmen Gesamtbewegung: Gleitschwimmen.

- Atmen nach der ungewohnten Seite.
- Atmen nach jedem vierten Armzug, »Viererzugatmung«.
- «Dreierzugatmung«.

Tipps zum Selbstlernen

Ruhiges, flüssiges »Gleitschwimmen« in mittlerer Geschwindigkeit bestimmt die Bewegungsvorstellung und die Rhythmik der Teil- und Gesamtbewegung.

Dabei sind die Schultern übertrieben nach vorne zu schieben und in dieser Übersteckung die Daumen kurzzeitig zu verhaken.

Dabei nach einer Seite atmen, nach der Gegenseite herausschielen.

Sprechrhythmus für Selbstbefehle
Beine: **1**-2-3-/**4**-5-6
Arme: links/rechts
Atmen: aus/ein
Das Atmen nach der ungewohnten Seite bringt Vorteile:

- Kopfdrehung, Dauer der Ausatmung und Mundstellung sind bewusster auszuführen.
- Das Rollen um die Längsachse wird gleichmäßiger.
- Die Orientierung im Schwimmbecken ist besser.

Tipps zur Partnerhilfe

Beobachten, Korrigieren
Zunehmend werden bei der Bewegungsbeobachtung die **dynamischen Merkmale** der Bewegung wichtig.
Ist die Bewegung ohne Kanten und Ecken? Ist sie flüssig? Schwingen die Arme entspannt nach vorne? Verändert sich die Qualität der Gesamtbewegung auf einer Bahnlänge auffällig? Ist die Abweichung vom »Idealbild« noch zu dulden oder ist das schon ein »Fehler«?

Aufgeben
Die Technik der Gesamtbewegung Kraul wird gefördert, wenn zwischendurch auch Delphin und Rückenkraul geübt, Arm- und Beinbewegungen verschiedener Schwimmarten koordiniert werden.
Korrigieren
Kann ein Schwimmer nach beiden Seiten atmen, so ist es dem Partner besser möglich, sich durch Zeichen und Korrrekturhinweise zu verständigen.

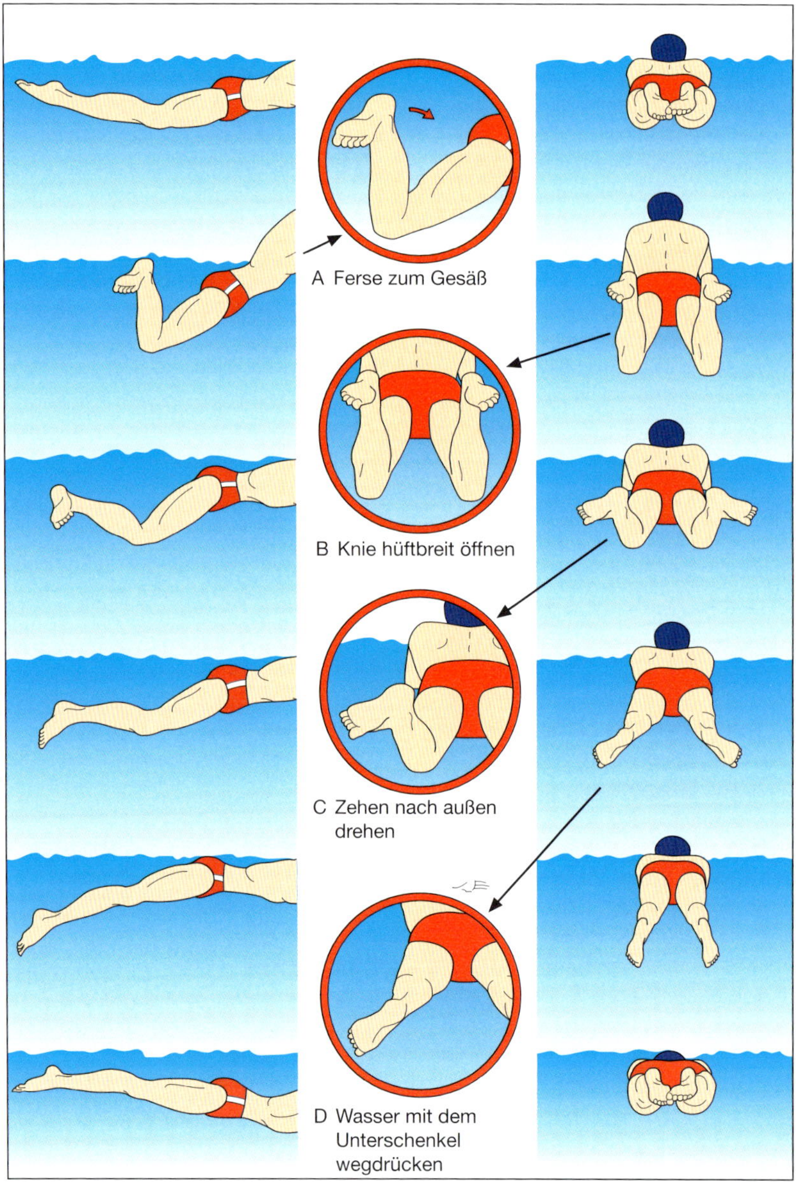
A Ferse zum Gesäß
B Knie hüftbreit öffnen
C Zehen nach außen drehen
D Wasser mit dem Unterschenkel wegdrücken

Brustschwimmen

Beinbewegung

Das Antriebsverhältnis der Bein- zur Armbewegung ist bei modernem Brustschwimmen etwa 1:1. Die Technik der so genannten »Schwunggrätsche« ist schwierig zu vermitteln. Der Durchschnittsschwimmer zeigt grobe Bewegungsfehler. Die Möglichkeiten, diese Fehlhaltungen nachträglich zu verbessern, sind gering.

Vorbereitungsphase
Die Beine sind in der Ausgangsstellung im Fuß- und Kniegelenk lang gestreckt. Dann werden die Fersen möglichst weit zum Gesäß hin angezogen (»anfersen«, A), dabei sind die Knie gebeugt und die Hüfte sinkt leicht ab. Am Ende dieser Bewegung sind die Knie gut hüftbreit auseinander (B). Oberschenkel und Rumpf bilden einen Winkel von etwa 130°–165°. Die Fußspitzen sind angezogen und nach außen gerichtet (C) .

Antriebsphase
Die Oberschenkel werden gestreckt, die Knie näher zusammengedrückt, während die Unterschenkel kreisend nach außen schwingen. Die Innenseite der Unterschenkel (D) und die Füße drücken sich vom Wasser ab. Auch der Abdruck von der Fußsohle trägt zum Vortrieb bei. Die Hüfte nähert sich wieder der Wasseroberfläche. Das Anfersen sollte langsam, die Beinschlussbewegung kraftvoll sein.

Fehler: »Scherenschlag« – der linke Fuß dreht nicht nach außen (= Ristschlag).

Fehler: Bei dieser Stoßgrätsche fehlt die vortreibende Kreisbewegung der Unterschenkel.

Fehler: Kinder hocken die Beine meist ruckartig und viel zu weit.

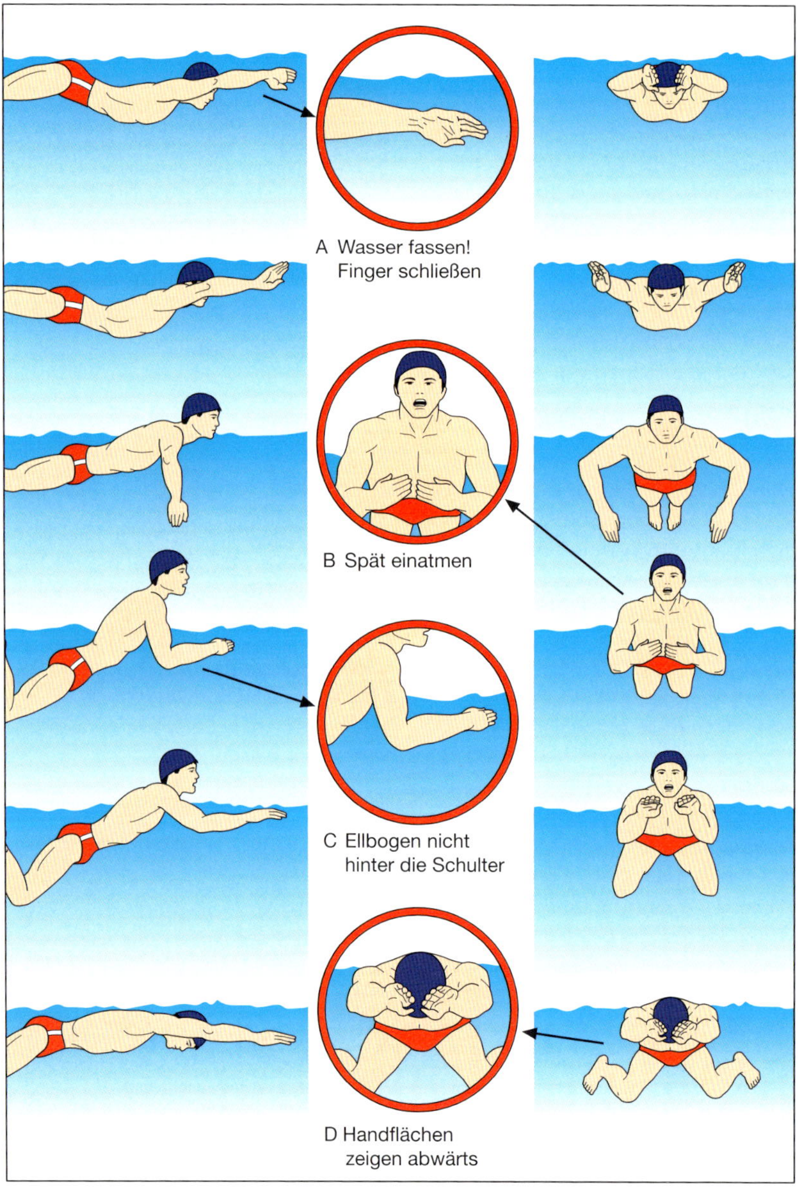
A Wasser fassen!
Finger schließen
B Spät einatmen
C Ellbogen nicht
hinter die Schulter
D Handflächen
zeigen abwärts

Armbewegung

Verglichen mit früher haben Dauer und Umfang des Antriebs durch die Armbewegung beim Brustschwimmen zugenommen. Der Sportschwimmer führt die Armbewegung besonders kräftig aus.

Vorbereitungsphase
Die Arme werden an oder knapp über der Wasseroberfläche nach vorne geschoben. Die Handflächen zeigen dabei abwärts (D).

Antriebsphase
Die Schultern sind vorgeschoben, die Arme weit vorgestreckt, die Finger geschlossen. Die Handflächen weisen, Kleinfingerseite nach oben, in etwa 10 cm Wassertiefe nach außen (A). Beim »Wasserfassen« werden die Hände im Handgelenk gebeugt, dabei ziehen die Arme gestreckt nach außen bis knapp auf doppelte Schulterbreite. Den Händen, die vor Brust und Gesicht hereindrücken – Handflächen bilden eine Dachform –, folgen die gebeugten Arme (C).

Atmung
Beim Übergang vom Zug zum Hereindrücken der Hände ist die Schulter am höchsten. Jetzt wird eingeatmet (B). Beim Gleiten wird die Luft angehalten, die Ausatmung erfolgt beim Ziehen.

Fehler: Die Arme sind bei dieser Körperposition zu weit außen.

Fehler: Die Ellbogen befinden sich zu weit hinter der Schulter.

Fehler: Die Schwimmerin atmet zu früh ein.

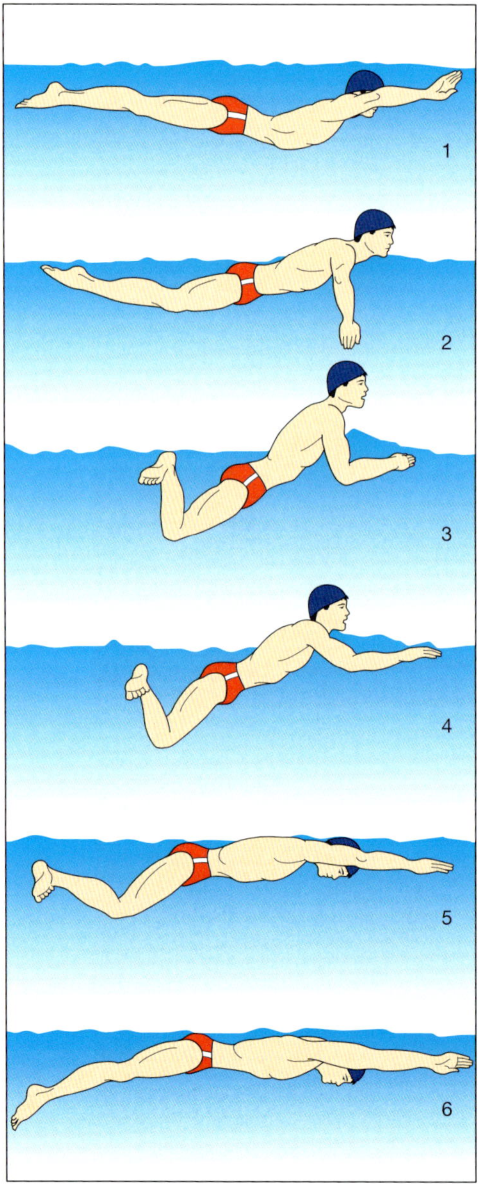

Koordination und Lage

Die Koordination der Arm- und Beinbewegungen beim Brustschwimmen ist von der Wettkampfbestimmung wie auch von physikalischen Gesetzmäßigkeiten bestimmt.
Die Teilbewegungen müssen symmetrisch ausgeführt werden. Die Schulterachse muss waagrecht sein. Ein Teil des Kopfes **muss** innerhalb einer Gesamtbewegung die Wasseroberfläche durchbrechen. Der Armzug darf beim Schwimmen an der Oberfläche nur bis zur Hüfte, nach Start und Wende über die Hüfte hinaus reichen. Je eine Bein- und Armbewegung (1–6) werden zur Gesamtbewegung verbunden. Wie immer beim ökonomischen Schwimmen wird ein gleichmäßiger Vortrieb angestrebt. Während die Arme vor die Brust wuchtig und kräftig hereinschwingen (2–3), werden die Fersen relativ langsam an das Gesäß gezogen. In das Vorschieben der Arme hinein erfolgt der explosive Beinschluss (4), der dann den Körper in einer mehr oder weniger langen Gleitphase antreibt (5). Spitzenschwimmer verzichten auf dieses Gleiten. Die weniger Geübten sollen jedoch ausgedehnt gleiten.
Wuchtige Armbewegung, Spätatmung, »Anfersen« im Strömungsschatten des Rumpfes bewirken eine »Mini-Delphinbewegung« in der Hüfte, die bei hohen Schwimmgeschwindigkeiten zusätzlichen Vortrieb erzeugt.

Fehler: Die Beinschlussbewegung wird zu spät erfolgen.

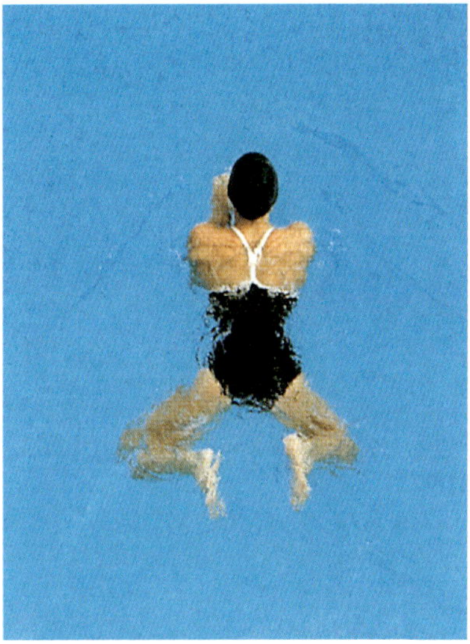

Fehler: Die Beinschlussbewegung erfolgt zu früh.

Fehler: Der Schwimmer liegt zu steil im Wasser.

Atmung
Technisch untrainierte Brustschwimmer heben beim »Wasserfassen« den Kopf zum Einatmen. Sportschwimmer atmen später (Spätatmung), nämlich am Ende der Zugphase (2).

Illustrationen und Bewegungsanalyse beschreiben die sportliche Technik. Auch die Schwimmtechnik des Freizeitschwimmers sollte sich an der sportlichen Technik orientieren.

Übungsziel

Beinbewegung Grobform

Grundstruktur, Dynamik
Die Beine müssen gleichzeitig, Füße auf gleicher Höhe langsam angezogen, dann der Unterschenkel nach außen geschwungen und die Beine schnell geschlossen werden. Aus diesem Bewegungsablauf müssen kleine Bewegungsabschnitte isoliert gelernt oder fehlerhafte Teilbewegungen verlernt werden:
- Anfersen.
- Knie dabei mäßig weit öffnen.
- Füße anziehen und Zehen auswärts drehen.
- Beine schwunghaft schließen.

Beinbewegung Feinform
Verbesserung der Dynamik der Beinbewegung im Sinne der »Schwunggrätsche«. Sie wird dabei durch eine Mini-Delphinbewegung unterstützt.

Test
2 x 50 m Beinbewegung am Schwimmbrett mit später Atmung.

Übungsformen

- Beinbewegung im Sitz am Beckenrand:
  - Strecksitz, Oberkörper zurückgelehnt, Hände stützen ab.
  - Fersen zum Beckenrand bewegen, dabei die Knie 20–30 cm öffnen.
  - Fersen berühren die Beckenwand. Dabei Anziehen der Fußspitzen in Richtung Schienbein.
  - Fersen nach außen schieben.
  - Unterschenkel kreisend schließen, dabei Füße strecken.
- Schwimmlage, Stütz am Beckenrand: Beinbewegung.
- Ein Partner zieht rückwärts gehend den Schwimmer: Beinbewegung.
- Beinbewegung in Rückenlage. Hände zuerst neben der Hüfte, dann über dem Kopf.
- Abstoß: Beinbewegung (4–6-mal) ohne Atmung.

Kernübung
- Beinbewegung am Schwimmbrett mit später Einatmung.

- Beinbewegung senkrecht im Wasser.

Tipps zum Selbstlernen

Die einzelnen Bewegungsabschnitte im Sitz am Beckenrand mehrmals ausführen, dabei sich selbst beobachten und beim Ablauf der Bewegung mitsprechen: »Fersen – Füße – seit und Schluss«!
Zwischen die einzelnen Bewegungsabschnitte zuerst Pausen einlegen, dann runde, flüssige Bewegung ausführen.

Unterschenkel an das Gesäß führen, dann Auswärtsdrehen der Füße. Knie bleiben unter Wasser.

Selbstbeobachtung
Beinschluss und langes Gleiten betonen, »Zeitlupenbewegungen« ausführen. Nur dann kann der Schwimmer die Muskelsperre am Ende des Anfersens oder das Beugen der Füße wahrnehmen.
Mit dem »Anfersen« sinkt die Hüfte, der Oberkörper hebt sich (Einatmung), mit dem Beinschluss steigt die Hüfte.

Tipps zur Partnerhilfe

Anweisen
Die Fähigkeit, das Fußgelenk bewusster zu bewegen, es im Verlauf der Beinbewegung zu beugen und zu strecken, lässt sich durch Zweckgymnastik verbessern:

- Aktives Fußkreisen im Strecksitz.
- Passives Fußkreisen durch einen Partner.

Helfen
Der Partner kann die Beinbewegung führen und damit Bewegungsumfang und Dynamik beeinflussen.
Nach dem Anfersen sind die Fußsohlen knapp unter der Wasseroberfläche. Dann erfolgt das Auswärtsdrehen der Füße. In dieser Position kurzzeitig verharren.

Beobachten, korrigieren
Nur durch individuelle Korrekturen lassen sich typische Fehler mildern: Schere, Spitzfuß, Beinspreizen, Stoßgrätsche.
Hilfe: Gummifessel aus einem alten Autoschlauch selbst herstellen.

Übungsziel

Armbewegung Grobform

Bewegungsverlauf
Die Armbewegung ist relativ großräumig. Die Bewegung von Händen und Armen verläuft vor der Schulterachse bis auf doppelte Schulterbreite.
Dynamik
Dem langsamen Beginn der Armbewegung folgt kraftvolles Hereinschwingen der Hände und Arme.
Die Arme werden mäßig schnell nach vorne geschoben.

Übungsformen

- Auf dem Beckenrand oder auf einer »Poolnudel« (siehe Abb. S. 51) liegen: Brustarmbewegung.
- Mit Brustarmbewegung durch das Wasser gehen.

- Partnerübung: P2 sichert die Schwimmlage, hält P1 an den Oberschenkeln oder Füßen, Armbewegung.
- Aus dem Abstoß einige Armzüge ohne Atmung.

Armbewegung Feinform
Die kraftvolle Armbewegung soll den Anteil am Antrieb erhöhen und am Ende der Zugphase die späte Einatmung ermöglichen. Die Ausatmung geht der Einatmung unmittelbar voraus.

Kernübung
- Brustschwimmen Armbewegung mit Pull-buoy und später Atmung.

- Armbewegung mit Pull-buoy und später Atmung.
- Armbewegung mit Paddles.
- Hände ziehen den Körper in Rückenlage fußwärts.
- Armbewegung mit Schmetterlingsbeinbewegung, mit Kraulbeinbewegung.

Test
2 x 25 m Brustarmbewegung mit Pull-buoy und später Atmung.

Tipps zum Selbstlernen

Beckenrand und »Poolnudel« verhindern das Zurückschwingen der Arme hinter die Schulterlinie. Die Stellung der Hand im Verlauf des Armzuges ist für die Vortriebswirkung besonders wichtig. »Mit der Kleinfingerseite eine Schüssel ausstreifen!« Die Hand führt und steuert die Armbewegung.

Mit den Augen die Hände so lange beobachten, bis Hände und Unterarm zur Körpermittellinie geführt werden. Dann erst Kopf zum Atmen heben.

Alle Übungsformen der Armbewegung heben entscheidende Abschnitte ins Bewusstsein. Ziel dieser Übungen ist es, die individuell beste Ausführung herauszufinden.

Tipps zur Partnerhilfe

Helfen, beobachten, korrigieren
Die Schwimmlage des Partners ist zu sichern. Dabei müssen Hüfte und Füße unter Wasser sein.
Folgende Hauptfehler sind zu beobachten:

- Es wird zu weit nach hinten gezogen.
- Der Ellbogen wird hinter die Schulter nach rückwärts gebracht.

Hinweisen
Wird die Armbewegung als Einzelübung ausgeführt, besteht immer die Gefahr, dass die Bewegung zu weiträumig wird.

Belasten
Mit T-Shirt schwimmen.
Zugseilgymnastik verbessert die Armkraft.
Der Partner stellt die Geräte bereit und legt ein Übungsprogramm fest.

Übungsziel

Gesamtbewegung

Gleichmäßiger Vortrieb beim guten Brustschwimmen erfordert fein abgestimmte Teilbewegungen. Der Anteil der Armbewegung muss beim Durchschnittsschwimmer erhöht, die Atmung zweckmäßiger in die Gesamtbewegung eingepasst werden. Während der Fitness-Schwimmer ausgeprägt gleiten soll, entfällt beim sportlichen Brustschwimmen die Gleitpause.

Sportlicher Brustschwimmer beim Einatmen.

Test
100 m Brustschwimmen Gesamtbewegung. Späte Atmung, mäßig langes Gleiten.

Übungsformen

- Abstoß: Gesamtbewegung Brust, ohne zu atmen.
- Mit mittelweiter Armbewegung schwimmen.
- Eine Bahnlänge schnell, eine Bahnlänge langsam schwimmen.
- »Gleitschwimmen«. Mit möglichst wenigen Zügen eine Strecke durchschwimmen.

Kernübung
- Brustschwimmen Gesamtbewegung in individueller, zweckmäßiger Ausführung.

- Zwei Beinbewegungen und eine Armbewegung.
- Schwimmen im Wechsel zwischen zwei Arm- und einer Beinbewegung.
- Zwei Zyklen Armbewegung Brust mit Schmetterlingsbeinbewegung im Wechsel mit zwei Zyklen Gesamtbewegung Brust.

Tipps zum Selbstlernen

»Hebe dich mit dem Armzug auf einen Hügel und schiebe dich vom höchsten Punkt mit dem Beinschlag den Hang hinunter«.
Mit kleinem Handkreis beginnen, den Bewegungsumfang bis zum richtigen Armzug vergrößern.

Aus der Schulter die Arme nach vorne strecken, Gesicht auf das Wasser legen, Bauch in der Strecklage einziehen, Gesäßmuskel spannen.

Der Grundrhythmus der Gesamtbewegung Brust ist zweiteilig. Mit »Selbstbefehl« lassen sich immer neue Teilbewegungen herausgreifen:
»Arme – Beine – Gleiten«.
»Ein – und aus.«
»Fersen – Gleiten.«

»Beine–Beine–Arme (ein).«

»Arme–Arme (ein)–Beine.«

Erfinde weitere Bewegungskombinationen verschiedener Schwimmarten.

Tipps zur Partnerhilfe

Beobachten, korrigieren
Vielfach wird mit zu wenig Amplitude (Differenz von höchstem zu niedrigstem Punkt) geschwommen.

Anweisen, kontrollieren
Die Anzahl der Züge auf einer Schwimmbahn zählen, aber auch mitteilen lassen.

Beobachten, korrigieren
Grundlage für die Beurteilung der Koordination ist der Zeitpunkt, an dem Ellbogen und Fersen ihren Umschlagort erreichen. Die Beinschlussbewegung kommt zu früh, wenn die Arme noch vor der Brust sind, und zu spät, wenn sie bereits ausgestreckt sind.
Durch diese ungewöhnlichen Bewegungsaufgaben soll ein individuell günstiger Bewegungsrhythmus gefunden werden.

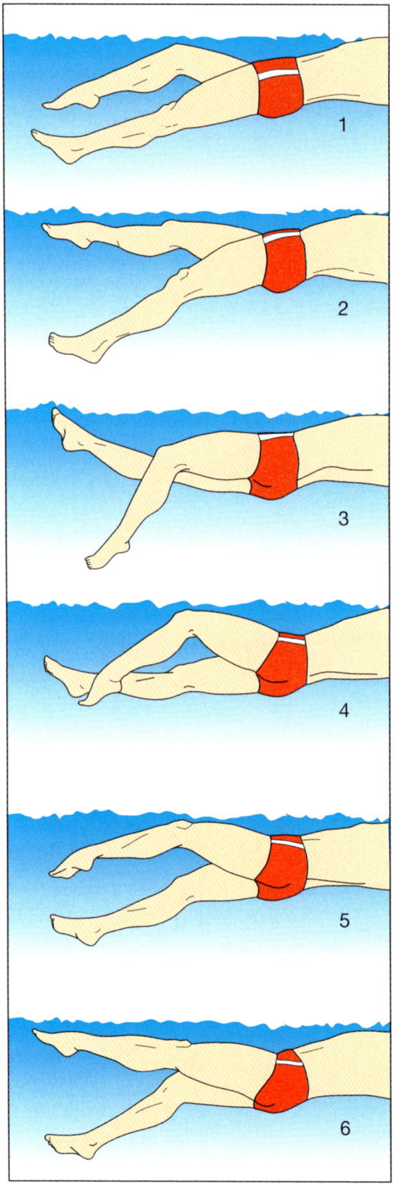

Rückenkraulschwimmen

Die Rückenkraulbeinbewegung ist eine recht einfache Bewegung. Sie ähnelt dem Gehen und wird als vertrautes Bewegungsmuster im Baby- und Anfängerschwimmen häufig als erster Lernschritt versucht. Innerhalb der Gesamtbewegung Rückenkraul treibt die Beinbewegung kräftig an und gleicht die seitwärts wirkenden Kräfte der Armbewegung aus.

Beinbewegung

Die Beine werden wechselseitig auf- und abgeschlagen. Die Abwärtsbewegung beginnt mit gestrecktem Bein und lockerem Fußgelenk (1). Der Umschlag zur Aufwärtsbewegung wird durch den Oberschenkel eingeleitet (2). Dabei bewegen sich Fuß und Unterschenkel noch nach abwärts (3). Das Knie beugt sich dabei immer mehr. Kurz bevor der Oberschenkel die Aufwärtsbewegung beendet, peitscht der Unterschenkel mit lockerem Fußgelenk nach oben (4–5). Durch den Wasserdruck dreht sich der Fuß nach einwärts. Noch bevor der Fuß das Wasser aufwirft, beginnt die Abwärtsbewegung mit überstrecktem Kniegelenk (6). Die Beine treiben umso mehr an, je größer der Fuß und je beweglicher das Fußgelenk ist. Die Ausschlagsweite der Rückenkraulbeinbewegung ist etwas größer als die der Kraulbeinbewegung.

Fehler:
Der Schwimmer bewegt die Beine wie ein Radfahrer, dadurch durchbrechen die Knie die Wasseroberfläche.

Fehler:
Die Füße schlagen zu weit aus dem Wasser. Der Kopf wird zu hoch gehalten.

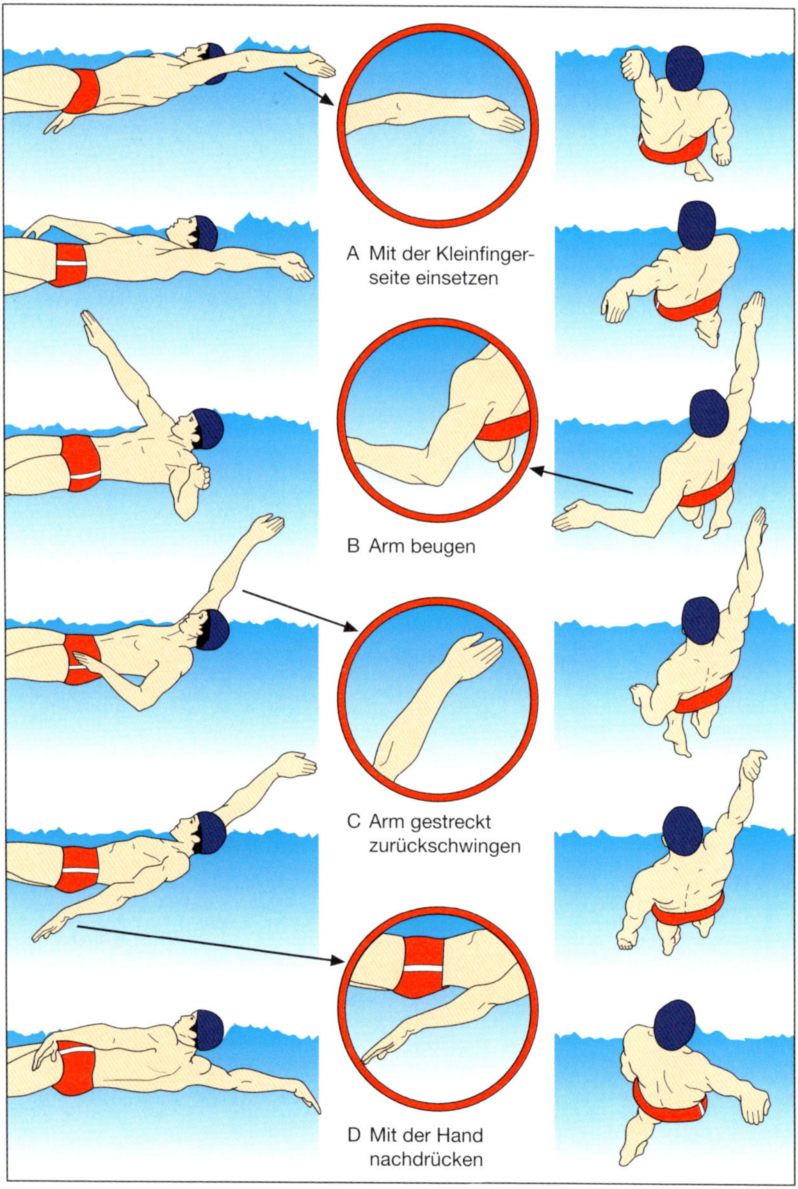
A Mit der Kleinfinger-
seite einsetzen
B Arm beugen
C Arm gestreckt
zurückschwingen
D Mit der Hand
nachdrücken

Armbewegung

Schwungphase
Der gestreckte zurückschwingende Arm (C) taucht mit Ellbogen, Kleinfingerseite (A) voraus in Verlängerung der Schulter in das Wasser.
Wasserfassen, Zug- und Druckphase
Die geschlossene Hand fasst absinkend das Wasser. Die Hand bewegt sich beim Übergang von der Zug- zur Druckphase immer dem Ellbogen voraus. In Höhe der Schulterachse ist der Arm im Ellbogen etwa 90° gebeugt (B). Große Muskelgruppen können so kurzzeitig besser wirken. Zum Ende der Druckphase streckt sich der Arm im Ellbogen, die Hand klappt nach abwärts (D).
Ohne Pause oder tellernde Ausgleichsbewegung wird die Hand abgeklappt aus dem Wasser geschwungen.
Diese Bewegung unterstützt auch eine Rollbewegung des Körpers um die Längsachse. Diese Rollbewegung ist notwendig, um den Zugarm in gebeugter Haltung knapp unter der Wasseroberfläche zu bewegen. Die Schulter des Schwungarmes bietet weniger Wasserwiderstand.
Wenn ein Arm das Wasser verlässt, beginnt der Gegenarm zu ziehen. Das sichert einen gleichmäßigen Antrieb.

Fehler: Beim Übergang von der Zug- zur Druckphase ist der Arm gestreckt.

Fehler: Arm schwingt über die Körperlängsachse. Der Kopf ist zu weit aus dem Wasser.

Fehler: Die Hand tellert neben der Hüfte.

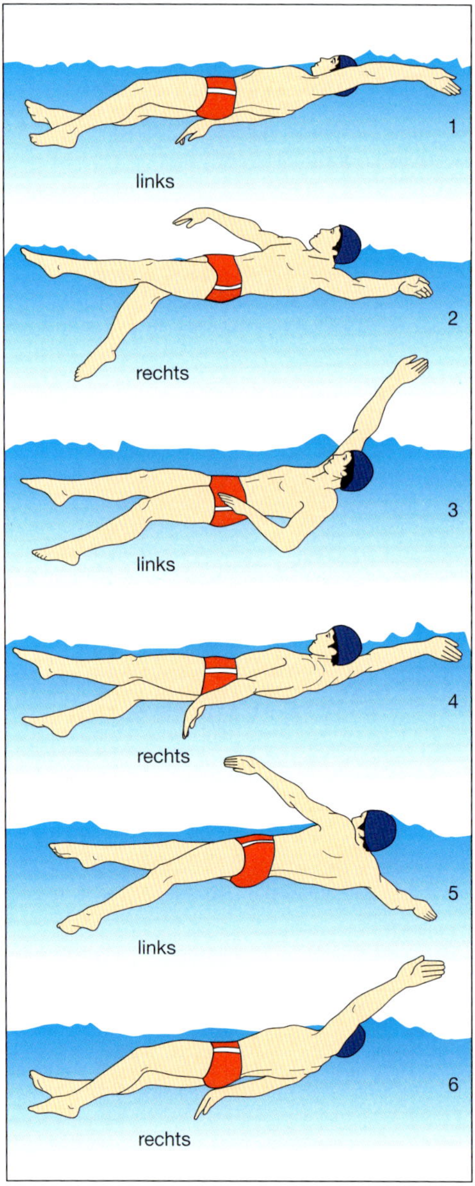

Koordination

Das häufigste Koordinationsmuster beim Rückenkraulschwimmen ist der **Sechserbeinschlag,** d. h. auf einen Armzyklus schlagen die Beine sechsmal (1–6). Diese Koppelung von Arm- und Beinbewegung stellt sich meist unbewusst ein, doch lassen sich eindeutiger als beim Kraulschwimmen die Rhythmen miteinander verbinden. Für das Lehren und Lernen ist unbedeutend, in welchem Auf- oder Abwärtsschlag sich die Beine bei ganz bestimmten Abschnitten der Armbewegung befinden. Die deutliche auf- und einwärts gerichtete Beinbewegung gleicht das Rollen aus.
Der Rhythmus der Beinbewegung ordnet sich dem der Armbewegung unter.
Die Koordination der Arme untereinander lässt sich von außen gut beobachten. Immer dann, wenn ein Arm ins Wasser taucht, sollte der andere die Druckphase beenden (4).

Lage

Die Ohren befinden sich an der Wasseroberfläche, die Brust ist etwas vorgewölbt (1), der Rücken flach. Die Hüfte befindet sich knapp unter der Wasseroberfläche. Beim »Rollen« dreht der Kopf nicht mit. Der Blick richtet sich immer nach vorwärts-aufwärts (3).

Atmung
Die freien Atemwege beim Rückenkraulschwimmen verführen zu unregelmäßig schnappender Einatmung. Die Ausatmung wird versäumt. Wie beim Kraulschwimmen soll die Ausatmung an die Zug- und Druckphase eines Armes gebunden sein. Die Einatmung erfolgt beim Herausschwingen eines Armes.

Mit dem Herausschwingen eines Armes wird eingeatmet.

1

2

3

Häufige **Fehler** beim Rückenkraulschwimmen:

1 Die Arme untereinander sind falsch koordiniert (richtig: etwa 180° versetzt), das Kinn liegt auf der Brust.

2 Die Schwimmerin liegt etwas zu steil im Wasser.

3 Der Schwimmer »sitzt« im Wasser.

Übungsziel

Beinbewegung Grobform

Grundrhythmus
Der Wechselschlag der Beine ist im Zeitmaß ähnlich dem des Kraulschwimmens.

Bewegungsverlauf
Die Einzelübung der Beine unterscheidet sich in der Bewegungsrichtung von der Beinbewegung innerhalb der Gesamtbewegung. Die »Kick«-Bewegung verläuft dort nach aufwärts-einwärts.

Übungsformen

- Liegestütz rücklings auf einer Treppe oder im stütztiefen Wasser: Rückenkraulbeinbewegung.
- Abstoß, Gleiten: Mit Händepaddeln neben der Hüfte.
- Ein Arm gestreckt über dem Kopf, andere Hand paddelt neben der Hüfte mit.

- Mit Schwimmbrett unter dem Kopf.
- Mit Schwimmbrett über dem Kopf ausgestreckt.

- Mit Flossen.

Beinbewegung Feinform
Die Beine sollen aus der Hüfte heraus pausenlos in mittlerer Ausschlagsweite bewegt werden. Die über den Kopf gestreckten Arme verbessern die Lage.

Kernübung
- Rückenkraulbeinbewegung: Arme über den Kopf gestreckt.

- Ausschlagsweite größer und kleiner machen.
- Steigern und Verringern der Geschwindigkeit.
- Hände in Hochhalte, aber dabei die Handrücken aus dem Wasser.
- Auf je einer Bahnlänge Wechsel von Kraulbeinbewegung in Brust-, Seiten- und Rückenlage.

Test
2 x 25 m Rückenkraulbeinbewegung: Je eine halbe Bahn Hände über den Kopf und Händepaddeln neben der Hüfte.

Tipps zum Selbstlernen

Durch die Kopfhaltung ist die Wasserlage zu steuern. An seinem eigenen Körper hinunter »schielen« und beobachten:

- Brust knapp außerhalb des Wassers.
- Knie nicht aus dem Wasser stoßen.
- Das Wasser mit den Füssen aufwerfen, »sprudeln«.
- Grundrhythmus mitzählen: «1-2-1-2-1-2« (sechs Bewegungen in etwa 2 Sekunden).

Aber sonst: Kinn nicht zur Brust, Blick schräg nach oben!

Selbstbeobachtung

- Bei der Hochhalte der Arme die Oberarme an die Ohren pressen, die Arme dabei aus der Schulter überstrecken.
- Gespannte »Gleitbootlage« durch Anspannen der Bauchmuskulatur.
- Beim Wechsel des Schwimmtempos den Abdruckwiderstand am Fußspann deutlich spüren.

Tipps zur Partnerhilfe

Beobachten, korrigieren

Mit dem vorgegebenen Schlagrhythmus lässt sich die Ausschlagsweite der Beine ändern.

- Beine sollen nicht nur zittern.
- Nicht »spreizen« und »Rad fahren«.

Korrektur der Lage:

- Kopf nicht anheben.
- In der Hüfte nicht abknicken, aber auch kein Hohlkreuz machen.

Helfen

Geräte und Auftriebshilfen bereitstellen. Anstelle von großen und kleinen Schwimmbrettern kann auch ein Ball hochgehalten werden.

Anweisen

Beweglichkeit im Fußgelenk durch Fußkreisen (aktiv und passiv) verbessern.

Übungsziel

Armbewegung Grobform

Bewegungsverlauf
Die Bewegung gleicht einem »Mühlkreisen« rückwärts. Der gestreckte Arm schwingt zurück und taucht in Schulterbreite ein. Die Hand verlässt nachklappend das Wasser.

Dynamik
Bevor die Hand das Wasser verlässt, darf keine Pause entstehen.

Armbewegung Feinform
Die bewusst geschulte Armbewegung (Wasser fassen, beugen, nachklappen) muss das richtige Ausmaß des Rollens und den deutlichen Wechsel von Spannung und Entspannung zeigen.

Test
2 x 25 m Rückenkraularmbewegung mit geringer Auftriebshilfe oder Ausgleichsbewegung der Beine.

Übungsformen

- Nachahmungsübung der Rückenkraularmbewegung an Land: In 20 cm Entfernung rücklings vor einer Wand stehen. Einen Arm zurückschwingen, bis die Kleinfingerseite die Wand berührt. Das ist nur möglich, wenn man »rollt«. Es folgt »Wasserfassen«, Ziehen, Beugen (dabei berührt der Ellbogen die Wand), Drücken, Nachklappen der Hand und Herausschwingen des Armes.
- Der Partner hält an den Füßen: Rückenkraularmbewegung durch den Übenden.
- Rückengleichschlag-Armbewegung: beidseitiges Nachklappen der Hände und schnelles Herausschwingen der Arme.
- Mit einem Arm an der Schwimmleine entlangziehen.

Kernübung
- Rückenkraularmbewegung mit geringer Auftriebshilfe oder Ausgleichsbewegung der Beine.

- Schwimmen mit Paddles: mit beiden Armen gleichzeitig (Gleichschlag) oder im Wechselzug.
- Kräftiger Beinantrieb durch Flossen: kontrollierte Ausführung der Armbewegung.

Tipps zum Selbstlernen

Bei dieser Nachahmungsübung lassen sich einige Tätigkeiten der guten Armbewegung vorwegnehmen:
Selbstbefehle:
- «Kleinfingerseite.«
- «Hand beugen – Wasser fassen.«
- «Ellbogen beugen.«
- «Nachklappen.«
- «Gestreckt schwingen.«

Die Arme zuerst im Wasser bis zur Schulterhöhe hochziehen, mit gebeugten Ellbogen die nachklappenden Hände seittief drücken. Die Hand, nicht der Ellbogen führt dabei den Zug!

Selbstbeobachtung

- Im Ellbogen gestreckter Schwungarm.
- Umkanten zur Kleinfingerseite hin.
- Strecken als »Überstrecken« beim Auftreffen des Armes auf das Wasser.
- In der Zug- und Druckphase mit der Hand im Wasser bleiben.

Tipps zur Partnerhilfe

Vormachen
Der Partner sollte diese Bewegung spiegelbildlich in den wichtigsten Abschnitten vormachen.

Helfen, korrigieren
Armeinsatz in Schulterbreite mit Kleinfingerseite voraus einsetzen. Hand abgeklappt aus dem Wasser.

Beobachten
Zu starke Auftriebshilfen heben vielfach bei Kindern die Beine zu hoch. Schlingern ist oft eine Folge des ungenauen Armeinsatzes jenseits der Körperlängsachse oder einer zu gering ausgeprägten Rollbewegung.

Aufgeben
Kraftübungen mit dem Zugseil speziell für die Rückenkraularmbewegung.

Übungsziel

Gesamtbewegung

Das häufigste Koordinationsmuster ist der »Sechserbeinschlag«. Der Spielraum für individuelle Abweichung von dieser Technik ist weniger groß als beim Kraulschwimmen. Die Teilbewegungen werden zu einer ruhigen, flüssigen und großräumigen Gesamtbewegung koordiniert.

Übungsformen

- Abstoß, Gleiten, Beinbewegung: Erst nach 6–10 m mit der Armbewegung beginnen.
- Einarmschwimmen: Wechsel nach jeder Bahn. Ein Arm bleibt immer in Hochhalte, der Gegenarm führt zu kräftiger Beinbewegung diese Armbewegung aus.
- Abschlagschwimmen mit Variationen:
  2 x rechts, dann 2 x links ziehen. Während der eine Arm zieht, bleibt der andere in Hochhalte über dem Kopf ausgestreckt.
  1 x links, 1 x rechts. Kurze Streckpause, wenn beide Arme in Hochhalte sind.

Atmung

Innerhalb der Gesamtbewegung ist auf energische und regelmäßige Ausatmung zu achten.

Kernübung

- Rückenkraulgesamtbewegung mit regelmäßiger Atmung als »Gleitschwimmen«.

- Übertriebenes Rollen um die Längsachse: Rückenkraulbeinbewegung in Seitenlage rechts. Nach 8–10 Beinbewegungen zusammen mit einem Armzug und Rückschwingen des Gegenarmes zur Seitenlage links rollen.
- Gesamtbewegung mit festgelegter Zugzahl.

Test

2 x 25 m Rückenkraulgesamtbewegung mit regelmäßiger Atmung.

Tipps zum Selbstlernen

Stilles Mitzählen bei der Beinbewegung »1-2-3-4-5-6«. Die Armbewegung in diesen Rhythmus einpassen.
Diese Übungen sollen dem Hauptfehler beim Rückenschwimmen entgegenwirken: dem »Tellern« der Hand neben der Hüfte, bevor sie aus dem Wasser herausschwingt.

Rechts und rechts – Pause (Daumenfassen!),
links und links – Pause.

Links und (Pause) rechts – (Pause).
Beim Strecken Oberarme an die Ohren drücken.

Atmen
Den gleichen Ausatmungsarm wie beim Kraulschwimmen wählen.
Langes und am Ende stoßartiges Ausatmen durch Mund und Nase »aauus (1,2,3,4) – ein (5)«.

Tipps zur Partnerhilfe

Wissen
Die richtige Lage ermöglicht erst die geradlinige Vorwärtsbewegung. Bei der Fehleranalyse von der Schwimmlage und Kopfhaltung ausgehen.

Korrigieren
- Bei steifem, verspanntem Rückschwung des Armes: »Mit dem Handrücken auf das Wasser klatschen!«
- Bei weit über die Körperlängsachse hinausschwingendem Arm:

»Überstrecke den Arm in der Schulter! Lege ihn in Schulterbreite ins Wasser!«

Helfen
Mit dem Hinweis auf Orientierungspunkte (Einstiegsleitern, Leinen über dem Becken) schützt der Lehrer den Übenden vor dem Anprall an die Wand.
Nasenklemmen sollen dann getragen werden, wenn Wasser in der Nase einen Rückenschwimmer stört.

Zuerst die Zahl der Züge pro Bahn ermitteln, dann Zugzahl festlegen und kontrollieren.

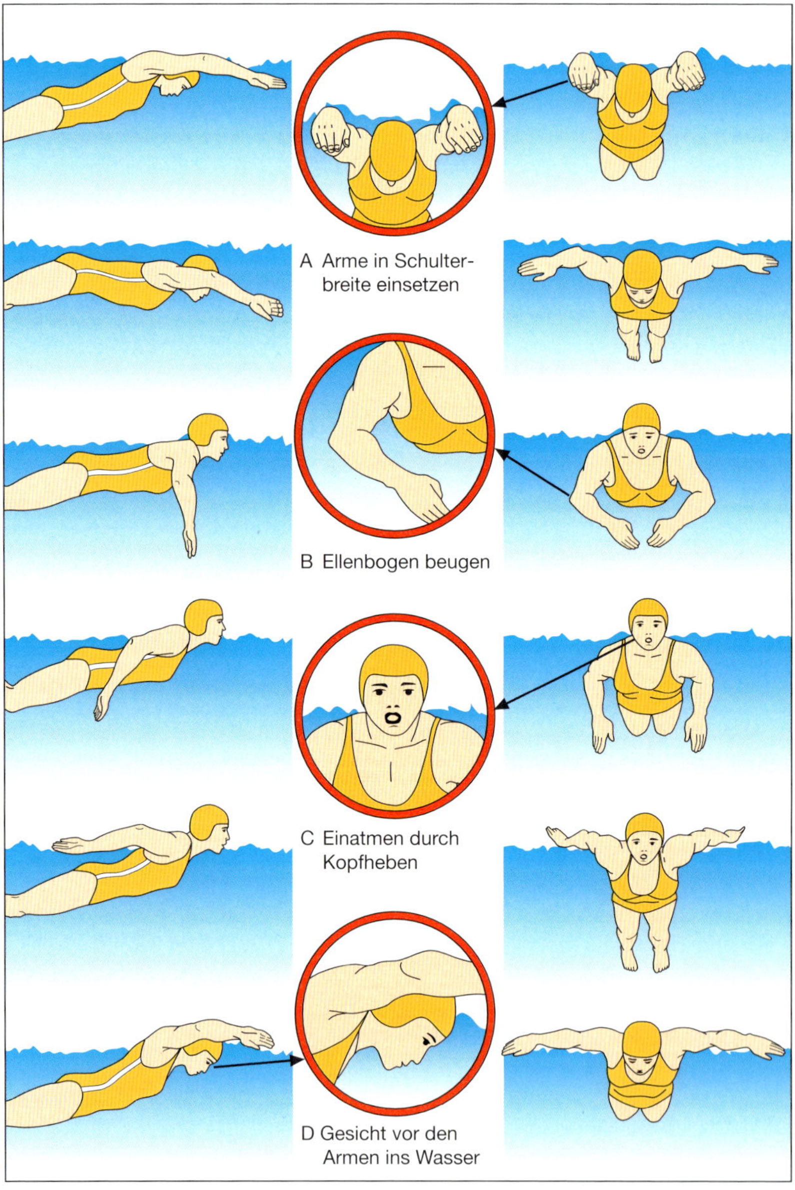
A Arme in Schulterbreite einsetzen
B Ellenbogen beugen
C Einatmen durch Kopfheben
D Gesicht vor den Armen ins Wasser

Schmetterlings-schwimmen

Armbewegung

Die Schmetterlingsarmbewegung entwickelt von allen Schwimmarten den größten Vortrieb. Durch das Vorbringen der Arme über Wasser und das nachfolgende Eintauchen wird aber die Antriebskraft wieder gemindert.

Wasserfassen, Zug- und Druckphase
Nach dem Wasserfassen beginnen die Arme und Hände in etwa 20 cm Tiefe, den Schwimmer vorwärts zu ziehen. Dieser Zug führt zuerst ziemlich weit nach auswärts. Dann bewegen sich die Hände auf die Körpermitte zu. Dabei beugen sich die Arme. Ähnlich dem Kraul- und Rückenschwimmen beträgt diese Beugung etwa 90 Grad. In Schulterhöhe sind die Hände knapp nebeneinander. Hände und Unterarme drücken das Wasser weit zurück, bis die gestreckten Arme das Wasser neben der Hüfte verlassen. Von unten gesehen umschreiben auf diesem Wege die Hände die Figur eines Schlüsselloches.

Schwungphase
Beim Herausschwingen der Arme weisen die Hände nach oben-außen. Mit möglichst »hohem« Ellbogen werden die Arme wie ein Bumerang nach vorne geschleudert. Sie tauchen fast gestreckt in Schulterbreite ein.

Fehler: Beim Wasserfassen knickt die Hand ab. Der Ellbogen führt die Bewegung. Hände werden unter Wasser gegen die Schwimmrichtung geführt.

Fehler: Die Arme schwingen zu hoch nach rückwärts-oben aus dem Wasser.

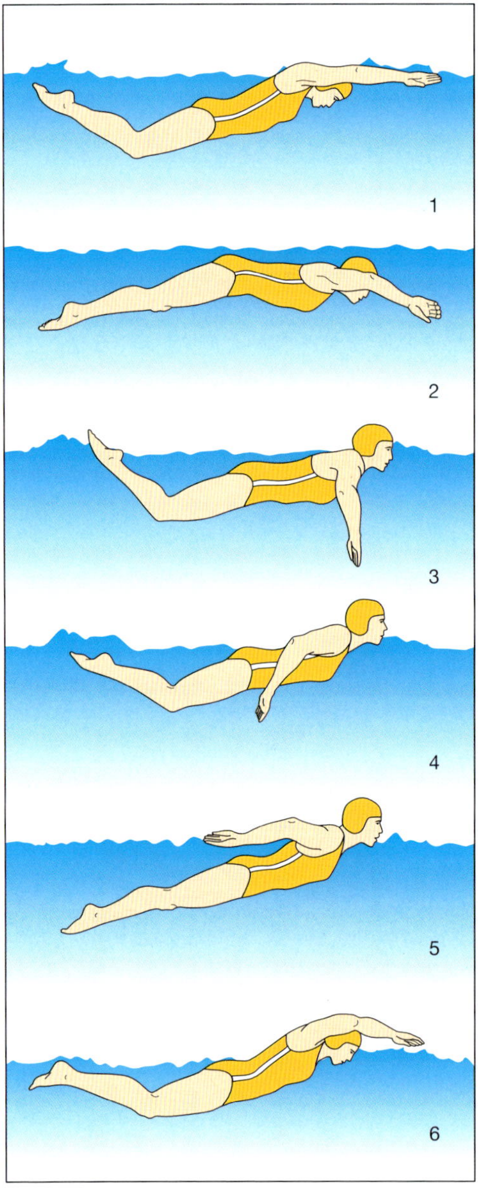

Beinbewegung

Die Schmetterlingsbeinbewegung ist eng mit der Gesamtbewegung verknüpft. Der erste Schlag treibt in der Vorschwungphase des Armzuges an, der zweite Abwärtsschlag unterstützt, neben dem Vortrieb, das Herausschwingen der Arme.

Der Bewegungsablauf ähnelt der Kraulbeinbewegung. Jede Abwärtsbewegung beginnt in der Hüfte. Während sich Füße und Unterschenkel noch nach aufwärts bewegen, sinken die Oberschenkel. Vor dem kräftigen Abwärtsschlag der Unterschenkel sind die Knie stark gebeugt (1). Am Ende der Abwärtsbewegung sind die Beine vollständig gestreckt und nahe beieinander (2–5). Bei dieser Beinstreckung hebt sich die Hüfte. Während der Abwärtsbewegung weisen die Großzehen zueinander, während der Aufwärtsbewegung sind die Füße parallel.

Ein Motor für diese auffällige Schmetterlingsbein- oder Schmetterlingskörperbewegung liegt in der aktiven Auf- und Abbewegung der Hüfte. Sicher bewirkt auch das Heben und Senken des Kopfes im Zusammenhang mit der Armbewegung die Wellenbewegung im Rumpf des Schmetterlingsschwimmers (1–6).

Koordination und Lage

Beim Schmetterlingsschwimmen wird die stabile Gleitbootlage in der vertikalen Richtung bewusst verlassen, um einzuatmen, die Arme nach vorne zu schwingen und die Beinbewegungen besser für den Vortrieb einsetzen zu können. Das zeigt sich in einem typischen Heben und Senken der Hüfte.
Von der überwiegenden Zahl von Sportschwimmern wird folgendes Koordinationsmuster verwendet:
Während eines Armzuges werden zwei Beinschläge ausgeführt. Um die erstrebte flache Lage an der Wasseroberfläche beizubehalten, wird **nur bei jedem zweiten Armzug geatmet.**
Ein erster Beinschlag wird beim Eintauchen der Arme ausgeführt. Der zweite Beinschlag unterstützt das Herausschwingen der Arme.

Atmung
Am Ende der Druckphase atmet der Schmetterlingsschwimmer ein. Der Kopf muss dabei bewusst angehoben werden. Je schneller die Einatmung erfolgt, desto rascher kann durch ein aktives Senken des Kopfes wieder eine günstige Lage eingenommen werden. Noch bevor die vorschwingenden Arme das Wasser erreichen, liegt das Gesicht wieder flach im Wasser. Langes Ausatmen durch Mund und Nase wird durch die drückenden Arme unterstützt.

Fehler: Der Oberkörper ist zu steil aufgerichtet.

Fehler: Der Kopf muss ins Wasser gesteckt werden, bevor die Arme die Wasseroberfläche erreichen.

Praxis

Experiment Schmetterlingsschwimmen

Mit dem Rat, in jeder Trainingseinheit einige »Flossenschläge« wie ein Delphin oder einige »Flügelschläge« wie ein Schmetterling auszuführen, wird beabsichtigt, den Wert dieser Schwimmart vielseitig zu nutzen:

- die Schwimmgewandtheit zu verbessern,
- kurzzeitig stark zu belasten,
- die Koordination und Beweglichkeit im Wasser zu schulen.

Sportliches Schmetterlingsschwimmen erfordert:

- ungewöhnlich lange Übungszeit,
- frühen Lernbeginn,
- vielseitige schwimmerische Gewandtheit,
- bewegliche Schultergelenke,
- bewegliche Wirbelsäule,
- Armkraft,
- hohe Organleistungsfähigkeit.

Zugang zum Erlebnis Schmetterlingsschwimmen gibt es für Kinder und Jugendliche über die geschmeidigen Delphin-Bein-Rumpfbewegungen, für Erwachsene über die Armbewegung. Beide Wege treffen sich in dem Versuch, die Gesamtbewegung über den einprägsamen Delphinrhythmus zu erlernen und zu verbessern.

Übungsformen

Delphin-Rumpf-Beinbewegung

- Brusttiefes Wasser: »Delphinsprünge« mit Schmetterlingsarmschwung.
- Delphinsprung: Durchtauchen bis zum Beckenboden. Dort drücken die Hände vom Boden ab, kräftiger Beinschlag.
- Mehrere Schmetterlingsbeinschläge unter Wasser.
- Schmetterlings-Bein-Rumpfbewegung in Rückenlage, Hände neben der Hüfte (Beweglichkeitsgymnastik).
- Schmetterlingsbeinbewegung in Seitenlage: Der tieferliegende Arm ist dabei vorgestreckt.
- Mit Flossen in allen Schwimmlagen (Brust-, Seiten-, Rückenlage).
- Am Schwimmbrett.

Kernübung

- Schmetterlingsbeinbewegung mit Atmung:
  Erster Schlag: Kopf flach, Schulter lang gestreckt. Zweiter Schlag: Kopf heben (atmen), Mini-Brustarmbewegung.

Zusatzübungen

- Verbesserung der Beweglichkeit der Fuß-, Schultergelenke und des Rumpfes durch Gymnastik.

Übungsformen

Schmetterlingsschwimmen – Armbewegung

- An Land, Stand, Oberkörper vorgeneigt: Seitziehen, Arme beugen (einatmen), vorschwingen. Die Hände umschreiben ein »Herz« oder ein bauchiges »Schlüsselloch«.
- Brusttiefes Wasser: im Stand und Vorwärtsgehen.
- Mit Partner: P1 hält P2 an den Füßen. P2 versucht, die Armbewegung auszuführen. Partner muss der Körperwelle nachgeben.
- Rückengleichschlag-Armbewegung als Beweglichkeitsgymnastik.
- Schmetterlingsarmbewegung mit Kraulbeinbewegung.

Kernübung

- Schmetterlingsarmbewegung mit Pull-buoy und regelmäßiger Atmung nach jedem zweiten Armzug.

Zusatzübungen

- Verbesserung der Armkraft durch Kräftigungsübungen mit dem Zugseil.

Übungsformen

Schmetterlingsschwimmen – Gesamtbewegung

Es ist empfehlenswert, von guten Schmetterlingsschwimmern den Grundrhythmus abzuschauen und aufzunehmen.

- Zwei Schmetterlingsbeinbewegungen mit einseitiger Kraularmbewegung.

Beine:	ein Arm:
1. Schlag	eintauchen, ziehen
2. Schlag	nachdrücken, vorschwingen

- Bei dieser Übung die Armzugseite wechseln.
- Zwei Schmetterlingsbeinbewegungen mit Kraularmbewegung links und rechts im Wechsel.
- Drei Schmetterlingsbeinbewegungen in Verbindung mit einer Schmetterlingsarmbewegung.

Kernübung

- Schmetterlingsgesamtbewegung: Zwei Beinbewegungen unterstützen eine Armbewegung. Nur nach jedem zweiten Armzug atmen.

Zusatzübungen

- Die Schmetterlingsgesamtbewegung häufig über eine kurze Strecke schwimmen.

Starten

Der sportliche Wettkampf beginnt mit einem Startsprung: beim Kraul-, Brust- und Schmetterlingsschwimmen von einem Startblock, beim Rückenschwimmen von der Wasseroberfläche aus. Das Startkommando lautet: »Auf die Plätze! – Los!« (Schuss, Pfiff). Aus unbewegter, gespannter **Ausgangsstellung** versucht der Schwimmer, in eine günstige Flugkurve hinein kräftig **abzuspringen** und mit geringem Widerstand **einzutauchen,** um dann entsprechend den Wettkampfbestimmungen das Schwimmen zu beginnen.
Im Folgenden werden die gängigsten Startvarianten dargestellt:

Grabstart (Greifstart)
(engl. to grab = greifen)
Der Schwimmer krallt sich mit den Zehen an der Startblockvorderkante ein und umfasst diese neben oder zwischen seinen Füßen mit den Händen. Der Kopf kann zwischen den Armen oder mit Blick schräg nach vorne gehalten werden. Beim Startsignal zieht er sich kurz nach vorne-unten. Dann stößt er die Hände und Arme kraftvoll nach vorne. Er kommt schnell vom Startblock, fliegt aber nicht maximal weit. Eine leichter Hüftknick wird schnell wieder aufgelöst. Der ganze Körper soll spritzerlos (= widerstandsarm) in einem Loch verschwinden. Beim Kraulschwimmen taucht der

Grabstart

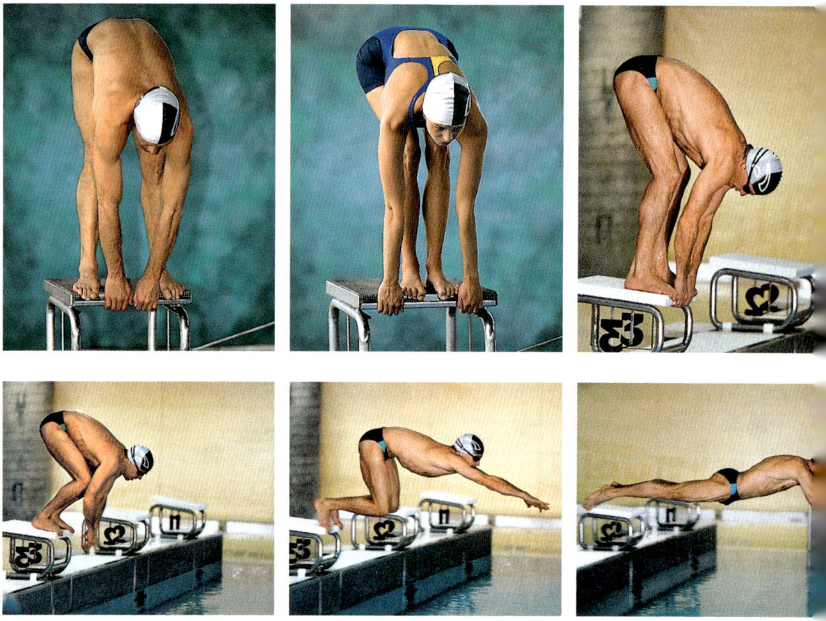

Rückenstart

Schwimmer etwas flacher (ca. 30°), beim Brustschwimmen steiler (bis 45°) ins Wasser.

Rückenstart

Aus der Ausgangsposition, in der die Füße in enger Schrittstellung oder parallel knapp unter der Wasseroberfläche an die Wand gestemmt sind, zieht sich der Schwimmer zur Wand. Dabei beugt er die Arme und nimmt das Kinn vor die Brust. Mit dem Startschuss lösen sich die Hände, der Kopf wird in den Nacken geworfen, die Arme werden auf kürzestem Weg über den Kopf geführt und gestreckt. Erst zuletzt stoßen sich die Beine von der Wand ab. In Hohlkreuzstellung taucht der Schwimmer ins Wasser und steuert sofort mit den Händen gegen zu tiefes Abtauchen nach oben. Um ein Abrutschen der Beine bei glatten Startwänden zu vermeiden, kann ohne Hochziehen des Körpers aus einer tieferen Hocke heraus gestartet werden.

Vorbereitende Übungen zum Startsprung

Jeder »Freischwimmer« sollte kopfwärts ins Wasser springen können. Für Kinder und Jugendliche gehört das Springen zu den Badeaktivitäten. Der Fitness-Schwimmer kann sein Programm auch ohne Startsprung beginnen. Aber die Leistungsabnahme bei einem Abzeichen oder das Schnellschwimmen in der Schule beginnt mit einem gekonnten Start.
Beim Neulernen oder Wiederlernen nach einem »Bauchklatscherschock« bewährt sich folgende Übungsreihe:

Hüfttiefes Wasser:

- »Delphinspringen«
- Hockstand auf der Einstiegstreppe: Hechtschießen. Schon in der Ausgangsstellung und dann beim Sprung die Arme strecken und Oberarme an die Ohren drücken.

Wassertiefe 2 m:

- Sitz am Beckenrand, Füße in die Überlaufrinne, Arme über den Kopf gestreckt: vorneigen und steil eintauchen. Unter Wasser eine Rolle vorwärts.
- Hockstand am Beckenrand. Wie vorher. Zu einem Ziel am Beckenboden hin eintauchen.
- Streckstand: Abfaller.

Bei allen Übungen den Kopf zwischen den Oberarmen festpressen.

Übungsformen

Startsprung in die Brustlage

- Stand am Beckenrand. Füße handbreit voneinander entfernt, Zehen umkrallen die Beckenkante, Hände über den Kopf gestreckt, Daumen gefasst, Oberarme an die Ohren: Knie beugen, dabei vorfallen und abstoßen.
- Vorübung Armschwung. Stand Beckenumgang, Knie gebeugt, Rumpf vorgeneigt, Arme schräg vor den Körper gestreckt: Armkreis nach vorne-oben. Die Arme werden in Schulterhöhe gestoppt. Das verstärkt die Absprungbewegung.
- Startsprung vom Block mit Armkreis:
  - Vor dem Absprung vorfallen. Rumpf- und Kniebeuge verstärken. Stirn fast an die Knie.
  - In der Flugphase Arme und Hüfte strecken.
  - Gestreckt eintauchen.
- Übergang zum Schwimmen (Brustschwimmen):
  - Springen – gleiten – ein Tauchzug mit den Armen – auftauchen.
  - Springen – gleiten – ein Armzug – eine Beinbewegung.
- Grabstart versuchen.

Tipps zum Selbstlernen

Mit der Beinstreckung sehr lange warten.

Nach dem Absprung Beine nicht ins Hohlkreuz schwingen. Bauch- und Gesäßmuskeln anspannen. Füße im Fußgelenk strecken, Arme im Schultergelenk fixieren.

In der Flugphase zu den Händen nach vorne schauen, Eintauchpunkt ansteuern.

Auftauchpunkt nach Startsprung und je einer Arm- und Beinbewegung 8–10 m.

Unterschiedliche Körperhaltungen beim Startsprung.

Tipps zur Partnerhilfe

Korrigieren Beobachten
(Hauptfehler)
Ausgangsstellung: Nach dem Startkommando richtet sich der Springer auf, springt zu sehr in die Höhe.
Flugphase: Hohlkreuz oder Knick in der Hüfte durch fehlerhaften Armschwung und Kopfhaltung.

Helfen
Stange vorhalten, die unter- oder übersprungen wird. Zielspringen durch einen Reifen, der auf der Wasseroberfläche liegt.

Anleiten
Sprungkraft verbessern:
- Kniebeugen.
- Aus tiefer Kniebeuge hochspringen.
- Absprung durch Armkreis unterstützen.
- Absprung vor einer Wand; mit beiden Händen die Wand berühren.
- Sprungübungen auf Pfiff.

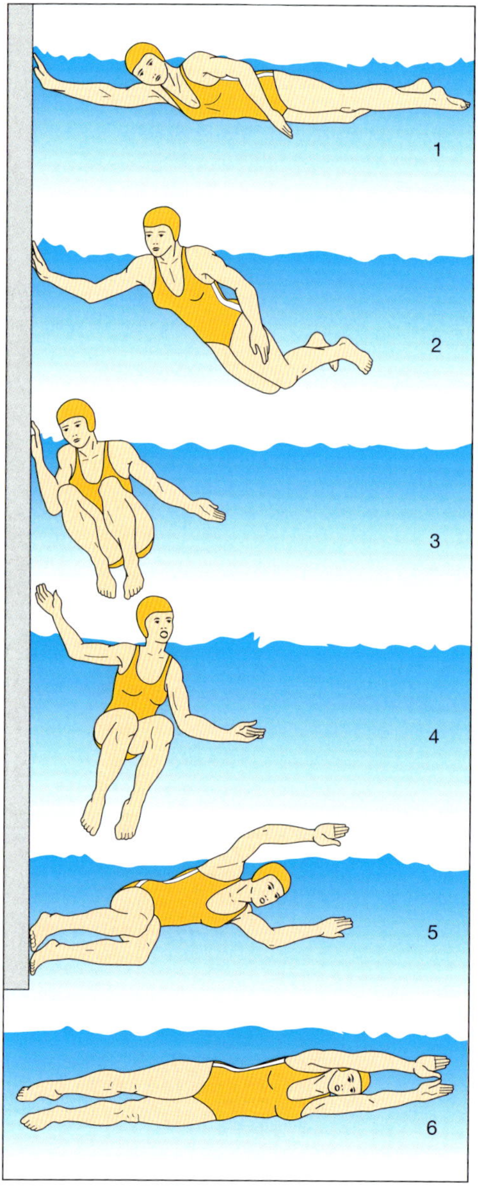

Wenden

Einfache Kraulwende

Auch der Fitness-Schwimmer sollte nicht am Ende jeder Schwimmbahn den Bewegungsfluss der Schwimmbewegungen unterbrechen. Vielmehr sollte er versuchen, durch eine **einfache Wende** (Kippwende) mit anschließendem Gleiten zügig weiterzuschwimmen. Ähnlich verlaufen die Brust- und Schmetterlingswende. Hier muss mit beiden Händen gleichzeitig an der Wendewand angeschlagen werden, eine Hand löst sich jedoch sehr schnell in die neue Schwimmrichtung. Die Hände brauchen beim Anschlag nicht auf gleicher Höhe zu sein.
Für die einfache Kraulwende ergibt sich der folgende Bewegungsablauf:

- In der Seitenlage erreicht der Schwimmer mit seiner geübteren Hand die Wand (1, 2).
- Der Anschlagarm beugt sich, die Beine hocken an die Wand, die freie Hand unterstützt diese Bewegung (3).
- Bevor sich die Füße ca. 50 cm unter Wasser an die Wand stemmen, hat sich der Anschlagarm gelöst und schwingt im Bogen in die neue Schwimmrichtung – freie Drehung (4, 5).
- Vor dem Abstoß in Seitenlage überstrecken die Arme aus der Schulter. Die Oberarme sind dabei an die Ohren gepresst (6).
- Beinbewegung setzt ein.

Rollwende

Der Wettkampfschwimmer nützt bei der Rollwende eine Schwimmregel, die gestattet, dass bei der Wende die Wendewand mit jedem beliebigen Körperteil berührt werden kann. Der Zeitgewinn gegenüber der Kippwende beträgt bis zu einer Sekunde.

Nur durch hundertfache Wiederholung im Training erreicht der Sportschwimmer die Sicherheit, um diese Wende auch im Wettkampf anzuwenden.

Der Ablauf der Kraulrollwende stellt sich wie folgt dar:

- Etwa 2 m vor der Wendewand bleibt ein Arm neben der Hüfte. Auch der zweite Arm wird durchgezogen (1).
- Hüfte und Oberschenkel gelangen durch einen Delphinschlag, Absenken des Kopfes und Abwärtsdrücken beider Handflächen an die Oberfläche (2).
- Die leicht gebeugten Beine schwingen zur Wand (3).
- Dort werden sie gehockt, die Hände über dem Kopf steuern eine viertel Drehung (4).
- Vor dem Abstoß ist der Körper in Seitenlage, die Füße sind hüftbreit an die Wand gestemmt und beide Hände über dem Kopf. Zur Verringerung des Widerstandes wird der Daumen gefasst (5).
- Beim Abstoß und Gleiten dreht der Körper in die Brustlage (6).
- Beinbewegung setzt ein.

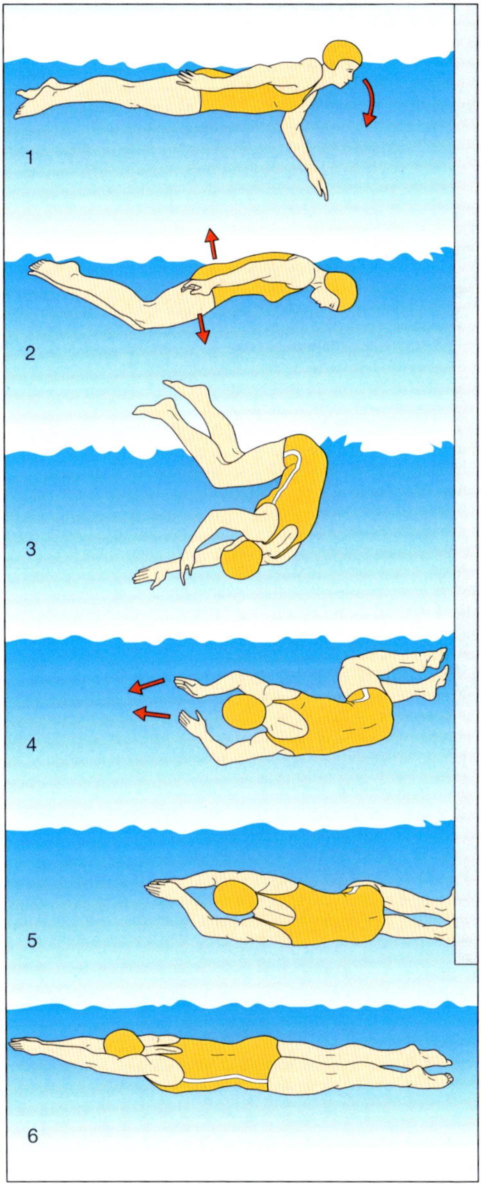

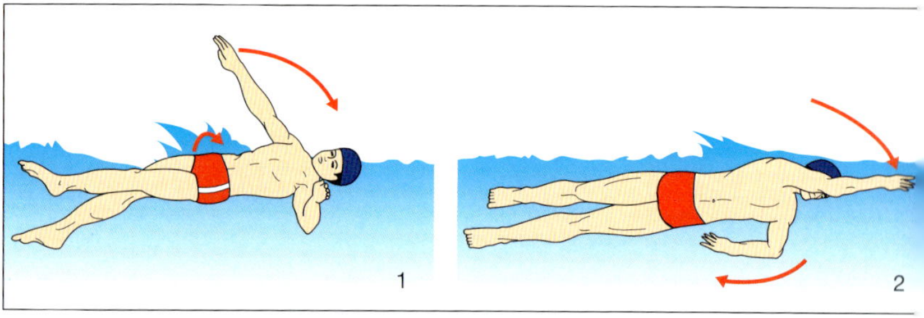

Rückenwende

Der Fitness-Schwimmer, der einige Bahnen auf dem Rücken schwimmt, dreht sich meist kurz vor der Wendewand in die Brustlage, greift in die Überlaufrinne und stößt sich in die Rückenlage ab. Nach den Wettkampfbestimmungen darf auch der Wettkampfschwimmer die Rückenlage bei einer fortlaufenden Wendeausführung verlassen und mit einem beliebigen Körperteil die Wendewand berühren.

Für den Ablauf der Rückenwende ergeben sich zwei unterschiedliche Varianten:

- Vor dem Berühren der Wand dreht sich der Rückenschwimmer in entsprechender Entfernung fließend von der Rücken- in die Brustlage (1, 2).
- Der **Fitness-Schwimmer** greift mit beiden Händen den Beckenrand oder in die Überlaufrinne, hockt die Beine an, schwingt beide Arme nach rückwärts, taucht unter, stößt sich ab und beginnt nach kurzem Gleiten zu schwimmen.
- Der **Wettkampfschwimmer** zieht nach dem Drehen in die Brustlage den Gegenarm zur Hüfte (3).
- Hüfte und Oberschenkel gelangen durch einen Delphinbeinschlag, Absenken des Kopfes und Abwärtsdrücken der Hände an die Wasseroberfläche (4).
- Der Körper rollt in die Rückenlage, die leicht gebeugten Beine schwingen zur Wand (5).
- Für den Abstoß in die Rückenlage werden die Fußsohlen an die Wand gestemmt. Hüfte und Knie sind gebeugt (6).
- Beide Hände werden über den Kopf ausgestreckt (zur Verringerung des Widerstandes Daumen fassen). Die gestreckten Arme steuern die Abstoßrichtung. Im Abgleiten wird durch die Nase ausgeatmet (7).

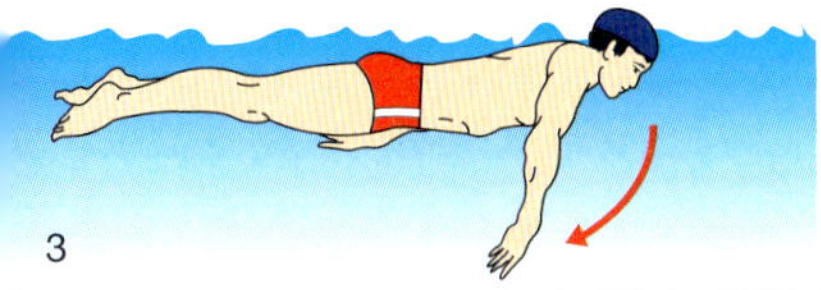
3

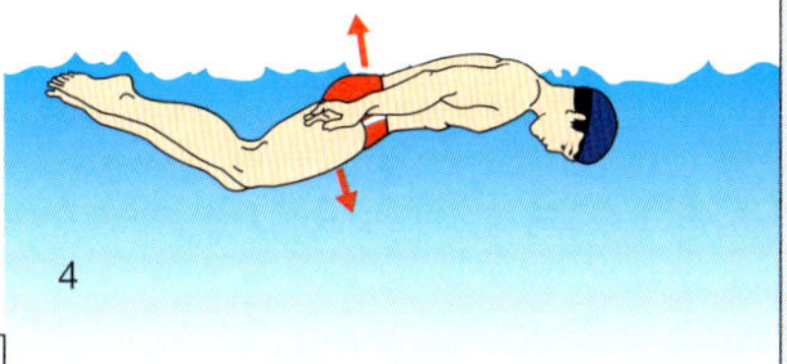
4

Entweder:

- Schon kurz nach dem Abstoß setzt die kräftige Beinbewegung und der Wechselzug der Arme ein (8a).

Oder:

- Nach dem Abstoß treiben zuerst einige Delphinbeinbewegungen den Rückenschwimmer an (8b). Nach spätestens 15 m muss der Rückenschwimmer auftauchen.

5

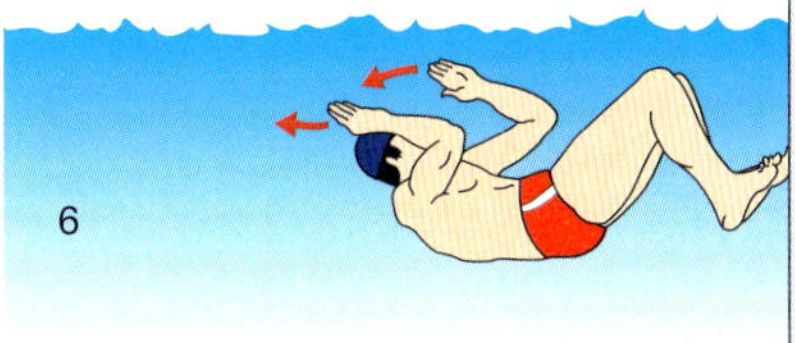
6

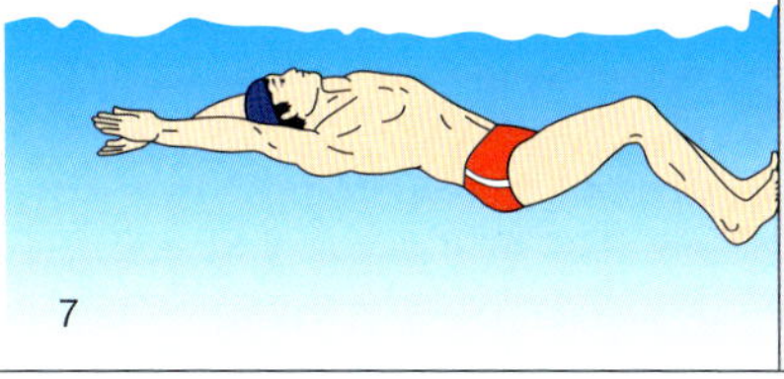
7

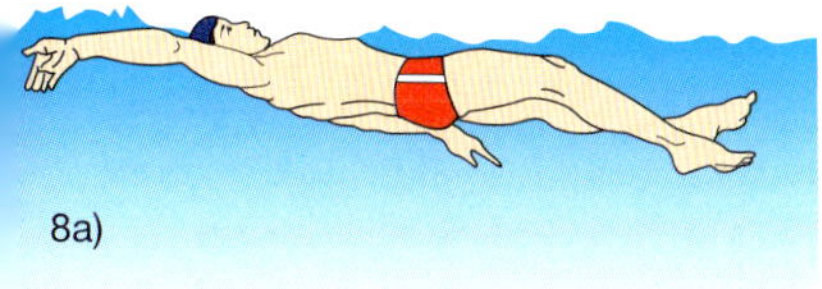
8a)

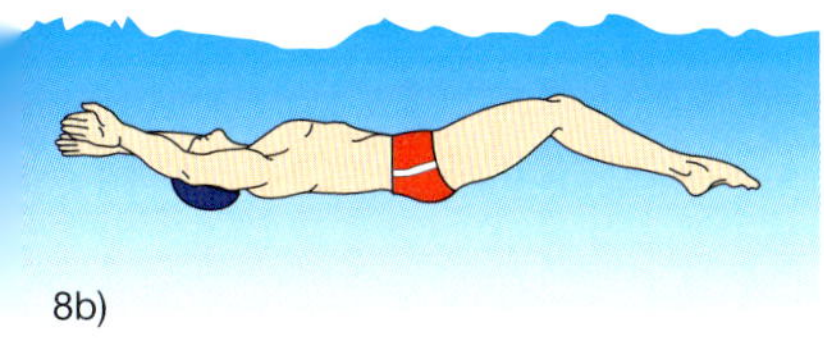
8b)

Gemeinsames Merkmal aller Wenden

Anschwimmen, Anschlagen
Die Wendewand soll gestreckt erreicht werden. Die Stellung der Hände und der Kopf leiten die Wendedrehung ein.

Anhocken, Rollen, Drehen
In oder außerhalb des Wassers werden die Beine zur Wand gebracht. Die Nichtwendehand steuert und unterstützt Drehbewegungen.

Abstoßen
Die Füße sind in etwa 50 cm Tiefe hüftbreit an die Wand gestemmt. Vor dem Abstoß strecken die Arme schon in die neue Schwimmrichtung.

Übergang zum Schwimmen
Lässt das Tempo aus dem Abstoß nach, setzen die Schwimmbewegungen ein.

Vorbereitende Übungen für alle Wenden

- Körper senkrecht in kopftiefem Wasser: Beine anhocken und drehen um die Längsachse.
- Schwimmlage: wälzen um die Längsachse.
- Rollen um die Breitenachse: Purzelbäume vor- und rückwärts.
- Drehung auf Bauch und Rücken um die »Nabel«-Tiefenachse. Dabei die Beine anhocken.

Übungsformen

Einfache Kraulwende

- Brusttiefes Wasser. Aus der Schrittstellung angleiten. Mit dem Nichtwendearm durchziehen, anschlagen. Finger zeigen nach oben.
- Schnelles Anhocken der Beine, zuerst zum Stand, dann mit Anhocken an die Wand.
- Zwischenübung zur Verbesserung des Armüberschwungs. Seitstand vor der Wand. Heranfallen an die Wand. Als Gegenbewegung schwingt der gestreckte Arm rasch über.
- Wie vorher: jetzt Anhocken der Beine, abgleiten.
- Einfache Kraulwende in langsamer Ausführung.

Kraul-Rollwende

- Abgleiten von der Wand: Beide Arme ziehen bis neben die Hüfte, dann folgt eine halbe Rolle vorwärts zur Rückenlage.
- Wie vorher, nur auf die Wand zu. Füße an die Wand. Abgleiten in Rückenlage.
- Anschwimmen mit Wechselzug. Der halben Rolle vorwärts folgt eine viertel Drehung um die Längsachse. Abstoß in Seitenlage.

Tipps zum Selbstlernen

Mit dem letzten Armzug in die Seitenlage drehen. Im Ellbogen des Anschlagarmes nachgeben. Mit der Wange den Handrücken berühren.

Der Nichtwendearm zeigt in die neue Schwimmrichtung und unterstützt mit der Handfläche nach oben diese Kippbewegung.

Die Anschlaghand hat die Wand bereits verlassen, bevor die Füße an die Wand anstemmen. Beim Armüberschwung einatmen.

Den Überschwung der zunächst fast gestreckten Beine durch einen Delphinkick unterstützen.

Vor dem Abstoß werden die Hände an den Ohren vorbei in die Streckung geschoben.

Rollwenden häufig spielerisch versuchen.

Tipps zur Partnerhilfe

Vormachen
Bildreihen und Bewegungsbeschreibungen können das (gekonnte) Vorbild eines Partners (Lehrers) nur teilweise ersetzen.

Beobachten, korrigieren
Hauptfehler:

- Der Schwimmer hält sich zu lange an der Wand fest.
- Der Abstoß erfolgt zu früh, bevor der Anschlagarm zusammen mit dem Nichtwendearm gestreckt im Wasser ist.

Helfen
Zwei Partner ziehen den Schwimmer in Strecklage durch das Wasser. Sie unterstützen dadurch das Überrollen. Nach dem Überrollen klatscht die Rückseite der Unterschenkel auf das Wasser.

Hinweis
Bei Rollwenden verhindern Nasenklemmen das Eindringen des Wassers in die Nase.

Training

Theoretische Grundlagen

Einfluss des Schwimmens auf den menschlichen Organismus

Muskulatur und Bewegungsapparat

- Im Zustand der Schwerelosigkeit werden entlastet:
  - Muskeln der Wirbelsäule,
  - Hals-, Schulter- und Rückenmuskulatur (Bandscheibenschäden),
  - Hüft-, Knie-, Fußgelenk und Fußgewölbe.
- Lockerung der Dauerspannung bestimmter Muskelpartien
- Vergrößerung des Muskelquerschnitts
- Ausgleich von Haltungsschäden.

Diese positiven Wirkungen treten aber erst bei Beachtung folgender Punkte ein:

- Beim Schwimmen in verschiedenen Schwimmarten in guter Ausführung:
  - **Rückenschwimmen** eignet sich besonders zum erholsamen, entspannten Schwimmen.
  - Das **Brustschwimmen** entspannt erst dann, wenn der Schwimmer ins Wasser ausatmet, gleitet und streckt.
  - Nur gekonntes **Kraulschwimmen** sichert alle Vorteile dieser Schwimmart:
    Wechsel von Spannung und Entspannung bei wechselweisem Einsatz der Arme und Beine.
- Wenn durch zusätzliche Kraftübungen mit dem Zugseil oder Verwendung von Paddles und Schwimmflossen die Belastung vergrößert wird.
- Wenn recht häufig in allen Schwimmarten geübt und viele Muskelgruppen aktiviert werden.

Herz und Kreislauf

- Ökonomisierung des Kreislaufes:
  - Die Anzahl der Herzschläge vermindert sich.
  - Das Herzminutenvolumen wird größer.
  - Die Blutgefäße bleiben elastischer.
  - Rückstrom des venösen Blutes aus Füßen und Beinen wird beschleunigt.

Untrainierte ältere Menschen, kreislauflabile und Rekonvaleszenten nach Herzerkrankungen sollten nur nach Rücksprache mit dem Arzt zum Schwimmen gehen.

- Die Belastung muss individuell dosiert, der Pulsschlag kontrolliert und auf die Anzeichen von Überlastung geachtet werden.

Atmungsgorgane

- Vergrößerung der Vitalkapazität. Das ist das Luftvolumen, das bei tiefster Einatmung in die Lunge aufgenommen wird. Als Folge davon:
  - Mehr Sauerstoff kommt in die Lunge.
  - Die Anzahl der roten Blutkörperchen vermehrt sich.
  - Muskeln werden gegenüber Sauerstoffschuld widerstandsfähiger.

Eine gute Atemtechnik ist entscheidend für positive Einwirkungen auf das Atemsystem. Wichtig ist dabei die volle Ausatmung ins Wasser beim Brust-, Kraul- und Schmetterlingsschwimmen, aber auch die bewusste Aus- und Einatmung beim Rückenschwimmen. Falsche Atmung, Pressatmung, erhöht den Druck im Brustraum, verringert den Blutausstoß des Herzens und führt so zu schneller Ermüdung.

Stoffwechsel

- Das Stoffwechselsystem muss bei erhöhten Leistungsanforderungen ökonomischer arbeiten. Der hohe Kalorienverbrauch (Leistungsschwimmer verbrauchen 6000 kcal/Tag) muss durch ausgewogene Ernährung ersetzt werden.

Ausdauerndes Schwimmen kann für übergewichtige Personen, zusammen mit reduzierter, ausgewogener Kalorienzufuhr, zur Gewichtsabnahme führen.

Abhärtung

- Abhärtung ist das Ergebnis der Fähigkeit des Organismus, sich beim Baden und Schwimmen an den Aufenthalt im Wasser anzupassen. Die Wärmeregulation der Haut beeinflusst den Stoffwechsel. Um die konstante Körpertemperatur aufrechtzuerhalten, wird die Haut mehr oder weniger durchblutet. Baden und Schwimmen haben ähnliche Wirkungen wie Wechselbäder oder Kneippsche Anwendungen.

Diese Anpassungsvorgänge gehen ganz langsam vor sich. Nach Warmbadetagen, die den Aufenthalt im Wasser für Kinder und Erwachsenen über 50 besonders angenehm machen, duscht man kalt.

Gegen Erkältungskrankheiten kann man vorsorgen:

- Aufenthaltszeit im kalten Wasser begrenzen.
- Nasse Badekleidung sofort wechseln.
- Bademantel, Trainingsanzug und Badeschuhe anziehen.
- Nasse Haare gut trocknen.

Schwimmen im Freien. Ein Spaß für Jung und Alt, nicht nur im Sommer.

Trainingsbegriff

Training soll im Rahmen dieses Buches nicht heißen, dass ein Trainer einen Sportler durch planmäßiges und systematisches Einwirken zu hohen und höchsten Leistungen im Schwimmen führt. Training bedeutet hier:

- Verbesserung des **individuellen Bewegungskönnens** durch Selbsttätigkeit und Partnerhilfe.
- Steuerung des Übungs- und Trainingsprozesses aufgrund von Einsichten in die biologischen Grundlagen des Trainings, so dass Bewegungsmangelerscheinungen verhindert oder weitgehend beseitigt werden.
- Gekonnte Bewegungen und Bewegungsspiele fördern das Wohlbefinden des Einzelnen und der sporttreibenden Gruppe.

Trainingsziele

Beispielhaft werden aus der Trainingslehre die Faktoren beschrieben, die ein Fitnesstraining durch Schwimmen bestimmen:

- Der Einblick in biologische Zusammenhänge erhöht die Bereitschaft, sich körperbewusster zu bewegen.
- Auf welchem Weg und durch welche Mittel erwirbt und verbessert man Schwimmtechnik?
- Durch welche Mittel und Methoden lassen sich wichtige physische Leistungsgrundlagen des Schwimmers verbessern: Ausdauer, Kraft, Beweglichkeit.

Techniktraining

Anregungen zur Verbesserung der Schwimmtechnik einschließlich Starten und Wenden bestimmten bisher den Inhalt des Buches.
Beim Ausprobieren von Übungsformen bleibt die körperliche Belastung gering, sie bewegt sich mehr im geistig-nervalen Bereich. An der Technik muss zwar immer gefeilt werden, doch verschiebt sich bei der Trainingsplanung der Zeitaufwand, mit dem technische Elemente geübt werden.
Beim Techniktraining gelten folgende **allgemeine Grundsätze:**

- In jeder Übungszeit ein Übungsziel setzen.
- Passende Übungsformen auswählen und ausprobieren.
- Technische Elemente nach dem »Aufwärmen« immer zu Beginn einer Trainingseinheit ausprobieren.
- Im brusttiefen Wasser üben.
- Im warmen Wasser üben.
- Auf relativ kurzer Schwimmstrecke üben (Hallenbad, Lehrschwimmbecken, Querbahn).
- Bewegungsverwandte Teilbewegungen (Beinbewegung, Kraul und Rückenkraul) unmittelbar hintereinander üben.
- In jede Übungseinheit mehrmals »Atemübungen« einschalten.
- Häufig Teilbewegungen aus dem Schmetterlingsschwimmen versuchen.
- Jede Übungsform mindestens viermal (10–25 m) ausführen.

- Die Pausen innerhalb einer Übungsserie zum Atmen und Lockern nützen.
- Häufig Teilbewegungen verschiedener Schwimmarten zu neuen »Schwimmstilen« verbinden.

Konditionstraining
Messbare Trainingswirkungen können nur erwartet werden, wenn
- über einen langen Zeitraum (Wochen, Monate),
- häufig, d. h. mindestens zweimal pro Woche

trainiert wird.

Belastung und Anpassung im Training

- Bleiben die Bewegungsreize unter einem bestimmten Schwellenwert oder überschreiten sie eine obere Belastungsgrenze, so ergeben sich keine positiven Anpassungserscheinungen. Die Belastungsgröße muss individuell bestimmt und fortlaufend neu festgesetzt werden (siehe Planung des Trainings).
- Belastung, Ermüdung und Erholung begleiten das Training. Diese Erscheinungen zeigen, wie sich der Organismus auf immer höhere Belastung einstellt.
- Die Belastungsreize müssen in kleinen Schritten erhöht werden.

> In keiner anderen Sportart lässt sich die Belastung so gut dosieren wie beim Schwimmen.

Die Leistungskurve steigt beim Untrainierten rasch, beim Geübten langsamer.

Ausdauertraining

Die Verbesserung der Ausdauer ist neben der vielseitigen Technik das eigentliche Ziel des Konditionstrainings durch Schwimmen.
Unter Ausdauer versteht man allgemein die Fähigkeit des Organismus und der Muskeln, einer aufkommenden Ermüdung Widerstand leisten zu können. Ist die Belastungsintensität beim ruhigen Streckenschwimmen gering, so lässt sich eine gewählte Geschwindigkeit lange beibehalten. Dagegen tritt z. B. beim Sprint die Ermüdung schnell ein.
Grundlage für die Ausdauer ist die Fähigkeit des Organismus, mit der aufgenommenen Sauerstoffmenge im Muskel die Energie zu erzeugen, die bei den Schwimmbewegungen benötigt wird. Die allgemeine oder Grundlagenausdauer, auch **aerobe Ausdauer,** wird im Wesentlichen begrenzt durch
- Vitalkapazität (Lungenfassvermögen),
- Schnelligkeit des Sauerstoffaustausches in der Lunge,
- Versorgung durch eine möglichst große Zahl kleiner Blutgefäße.

Mit den zwei folgenden Methoden wird sowohl im Hochleistungstraining als auch im Bereich des Fitnesstrainings die Dauerleistungsfähigkeit verbessert.

Dauermethode
Die Belastungszeit muss mindestens vier Minuten und die Intensität 50% der maximalen Kreislaufbelastungsfähigkeit betragen.
Von der gesamten Muskulatur muss ein Sechstel eingesetzt werden. Das trifft bei Gesamtbewegungen im Schwimmen zu. Bei dieser Methode sind Leistung und Energiezufuhr im Gleichgewicht (steady state).
Diese Methode eignet sich besonders für Angehörige der Altersklasse von 40–59 Jahren und für Senioren (über 60 Jahre). Für Kinder und Jugendliche ist sie weniger reizvoll, obwohl sich gerade mit dieser Methode das Wassergefühl und die Schwimmtechnik verbessern lassen.
Die Trainingsaufgabe kann durch die **Strecke**
- 500 bis 1000 m Dauerschwimmen oder auch durch die **Zeit**
- z. B. 30 Minuten Dauerschwimmen

begrenzt werden.
Beim Dauerschwimmen können die vier unterschiedlichen Schwimmarten sowie Einzel- und Gesamtbewegung wechseln.

Intervallmethode
Mit dieser Methode kann die aerobe Ausdauer schneller, möglicherweise aber weniger dauerhaft durch abwechslungsreiche Programme verbessert werden.
Dosierte Belastung wechselt mit passiven Pausen zum Ausruhen und Erholen. Die Erholung in der Pause ist aber nicht vollständig.
Bei der Planung des so genannten extensiven Intervalltrainings ist folgendes wichtig:
- Belastungsdauer zwischen 30 Sekunden und 2 Minuten.
- Wiederholungszahl der Belastung (z. B. vier- bis achtmal).
- Belastungsintensität:
  zwischen 50% (= leicht) und
  75% (= mittel).

Die Reaktion des Kreislaufes wird durch Pulsmessung kontrolliert. Der Belastungspuls soll bei Erwachsenen (18–39 Jahre) 160–180 Schläge betragen. Nach einer Pause von 30 bis 75 Sekunden sollte die nächste Belastung beginnen. Dabei ist es ausreichend, wenn der Belastungspuls auf einen Erholungspulswert von ca. 120 Schlägen zurückgeht.
Das Intervalltraining mit geringer Belastung wird schon beim Techniktraining angewendet, wenn im Lehrschwimmbecken über 4 x 1 Bahn eine ausgewählte Übungsform versucht wird.

Planung und Durchführung des Schwimmtrainings

Planungsgrößen

Bereitschaft und Absicht
Wichtig sind die Bereitschaft und die Absicht eines jeden »Schwimmers«, zumindest Ausschnitte dieser Trainingsvorschläge selbst oder mit einem Partner auszuprobieren.

Alter

Jedes Lebensalter weist im Zusammenhang mit Baden und Schwimmen bestimmte Neigungen und unterschiedliche Interessen auf. Institutionen wie Schule und Verein sowie Partner sollten die Schwimmfähigkeit eines Interessierten in jedem Lebensalter fördern.

Beispiel: Baden und Schwimmen mit Kindern

Kinder sollten neben den spielerischen Aktivitäten am und im Wasser zwischen sieben und zehn Jahren möglichst alle Schwimmtechniken, auch Schmetterlingsschwimmen, spielerisch versuchen. Die Grundeinstellung zum lebenslangen Schwimmen wird durch die Art der Vermittlung, mehr aber durch den Grad des erworbenen Könnens geprägt. Bestehen Talent und Neigung sowie gute äußere Bedingungen (fachkundige Übungsleiter, Nähe zu einer Übungsstätte), dann sollten Kinder am sportlichen Training und Wettkampf teilnehmen. Ohne die Mithilfe von Eltern und Geschwistern geht das nicht.

Leistungsfähigkeit bei hoher, kurzzeitiger Belastung

Mit einer befriedigenden Technik sollen 25 und 50 m in der Haupt-

	Baden			Schwimmen		
				Technik	Kondition	
	Baden	Spiele	Wassersport	Alle Schwimmarten	Wettkampf	Gesundheit
Kinder	◍	◍	●	◍	○	
Jugendliche	●	●	●	◍	◍	◍
Erwachsene	●		●	◍	○	●
Altersklasse	●		●			●
Senioren	●					●

● altersgemäße Aktivitäten
◍ nach Bedarf und Neigung
○ Hilfe eines Partners sinnvoll

Belastungsintensität (Prozentzahlen aufgerundet)

		25-m-Schwimmen in Sek./Min.					
anaerober	max 100%	18	20	22	24	26	28
Bereich	submax 90%	20	22	24	27	29	31
aerober	mittel 75%	23	25	28	30	33	35
Bereich	leicht 50%	27	30	33	36	39	42
anaerober	max 100%	30	32	34	36	38	42
Bereich	submax 90%	33	35	37	40	42	44
aerober	max 75%	38	40	43	45	47	52
Bereich	leicht 50%	45	48	51	54	57	1:03
		50-m-Schwimmen in Sek./Min.					
anaerober	max 100%	42	46	50	54	58	1:02
Bereich	submax 90%	46	51	55	59	1:04	1:08
aerober	max 75%	53	58	1:03	1:08	1:13	1:18
Bereich	leicht 50%	1:03	1:09	1:15	1:21	1:27	1:33
anaerober	max 100%	1:06	1:10	1:14	1:18	1:22	1:26
Bereich	submax 90%	1:13	1:17	1:21	1:26	1:30	1:35
aerober	mittel 75%	1:23	1:28	1:32	1:37	1:42	1:47
Bereich	leicht 50%	1:39	1:45	1:51	1:57	2:03	2:09
		100-m-Schwimmen in Sek./Min.					
anaerober	max 100%	1:40	1:46	1:52	1:58	2:04	2:10
Bereich	submax 90%	1:50	1:57	2:03	2:10	2:16	2:23
aerober	mittel 75%	2:05	2:12	2:20	2:28	2:35	2:43
Bereich	leicht 50%	2:30	2:39	2:49	2:56	3:06	3:15
anaerober	max 100%	2:16	2:22	2:28	2:34	2:40	2:46
Bereich	submax 90%	2:30	2:36	2:43	2:49	2:56	3:03
aerober	mittel 75%	2:50	2:58	3:05	3:13	3:20	3:28
Bereich	leicht 50%	3:24	3:33	3:42	3:51	4:00	4:09

schwimmart möglichst schnell geschwommen werden. Der Start erfolgt im Wasser vom Beckenrand. Die Zeiten sind festzuhalten, am besten mit Hilfe eines Trainingsbuches, zur individuellen Planung des Intervalltrainings. Die Tabelle auf dieser Seite zeigt Zeiten, die auch von wenig geübten Schwimmern erreicht werden können.

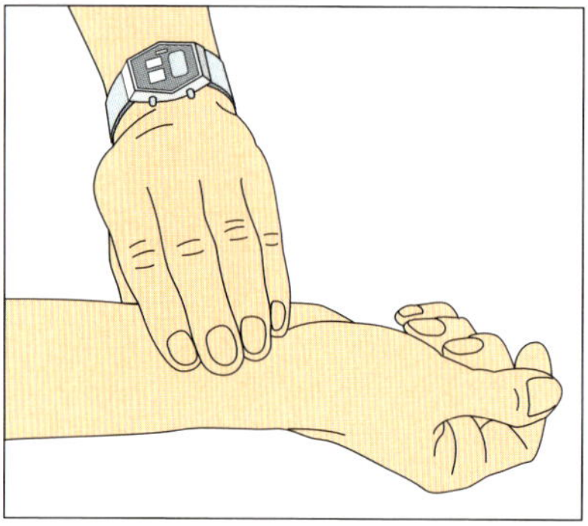

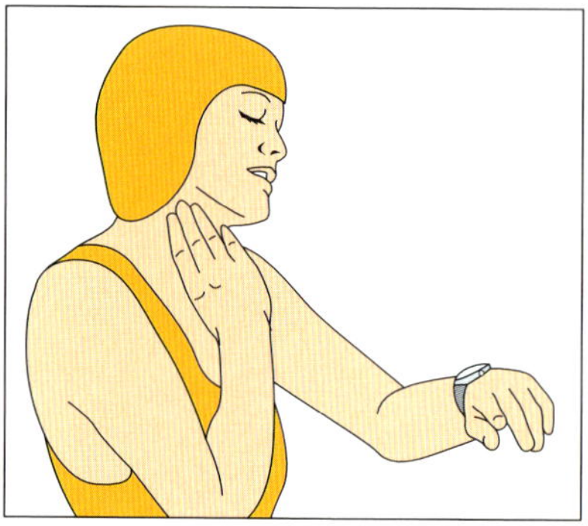

Pulsmessung

Drei Pulsmessungen sind bei Planung und Durchführungen des Trainings wichtig:

- **Ruhepuls**
  Messung am besten liegend vor dem Aufstehen.
- **Belastungspuls**
  Sofort nach der Belastung messen.
- **Erholungspuls**
  Er sollte drei Minuten nach der Belastung gemessen werden.

Technik der Pulsmessung

Handgelenk: Das Pulsfühlen geschieht unter leichtem Druck mit Zeige-, Mittel- und Ringfinger.

Halsschlagader: Auch hier durch leichten Druck mit Zeige-, Mittel- und Ringfinger.

Belastungs- und Erholungspuls wird 10 Sekunden lang gemessen, dann mit 6 multipliziert.

Tabelle für Pulswerte in den einzelnen Altersphasen

Alter	Höchstmögliche Pulsfrequenz bei größter sportlicher Belastung (Streubreite: ± 10 Schläge)	Optimale Pulsfrequenz beim Fitnesstraining	
		Anfänger: bis 12. Woche	Fortgeschrittene: ab 12. Woche
10–20 Jahre	200	140	150
21–30 Jahre	195	135	145
31–40 Jahre	190	130	140
41–50 Jahre	180	125	135
51–60 Jahre	170	120	130
61–70 Jahre	160	115	125
über 71 Jahre	145	110	120

Langfristige Trainingsplanung

Die Voraussetzungen für längerfristige Trainingsplanung sind individuell so verschieden, dass im folgenden nur allgemeine Ratschläge gegeben werden:

1. Mindestens einmal pro Woche, besser zwei- bis dreimal schwimmen.
2. In dieses regelmäßige Baden und Schwimmen einen Intensivblock Schwimmen einschalten. Das ist möglich bei einem Sommer- oder Winterurlaub, bei einem Kuraufenthalt. Dieses gehäufte Schwimmen verbessert Technik und Kondition dauerhaft. An einem Schwimmkurs eines Vereins, einer Wasserwacht oder bei der DLRG teilnehmen.
3. Einige wichtige Leistungsdaten tabellarisch festhalten:
   - Ruhepuls, Belastungspuls, Erholungspuls.
   - Leistungen (Zeit):
     Schnelligkeit: 25 und 50 m.
     Ausdauer: 500 und 1000 m.
4. Weitere Trainingsmittel können zur Konditionssteigerung eingesetzt werden:
   - Ausdauer: Laufen, Rad fahren, Inline-Skating.
   - Kraft: Zugseilgymnastik.
   - Beweglichkeit: allgemeine und spezielle gymnastische Übungen. Die Seiten 94 und 95 geben dazu Anregungen.
5. Die folgende Abbildung zeigt ein 60-Stunden-Übungsprogramm, das nach Möglichkeit in 25–30 Wochen abgewickelt werden sollte.

	Aufbautraining	**Kondition I**	**Kondition II**
Umfang Std.	20 Std.	20 Std.	20 Std.
Technik (blau) Kondition (rot) – Ausdauer – Kraft – Beweglichkeit	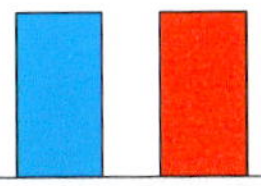	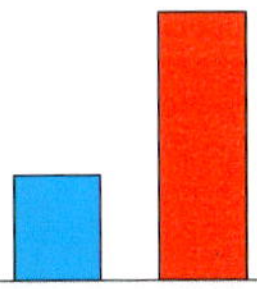	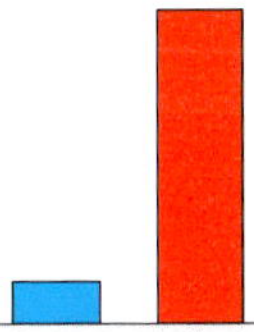
Test	– Technische Elemente – 10 Min. Schwimmen	500 m Zeitschwimmem	1000 m Zeitschwimmem
Zusätzliche Trainings–komponenten	Wissen Schwimmtechnik, allg. Ausdauer, Laufen, Radfahren	Intensivblock Schwimmen	Wissen Trainingsplanung, 2 x Schwimmen/ Woche

Imitation der Schmetterlingsarmbewegung. Die offene Hand simuliert die Haltung wie beim Schwimmen im Wasser.

Krafttraining

Fortschritte in der Schwimmtechnik scheitern häufig an mangelnder Kraft in den Armen. Liegestütze und Klimmzüge sind einfache Übungsformen zur Verbesserung der Armkraft. Mit

- Zugseil,
- Fitnessband,
- Fahrradschlauch

Unten:
Gespanntes Band um offene Hände wickeln. Beugen im Ellbogen bei ruhigem Körper (1–2). Fuß auf das gespannte Gummiband stellen, Ellbogen nahe zusammen. Streckung im Ellbogengelenk bei offenen Händen (3–4).

Bizepsübung (1, 2), besonders wichtig für Brustschwimmen.

Trizepsübung (3, 4) für alle Schwimmtechniken.

1

2

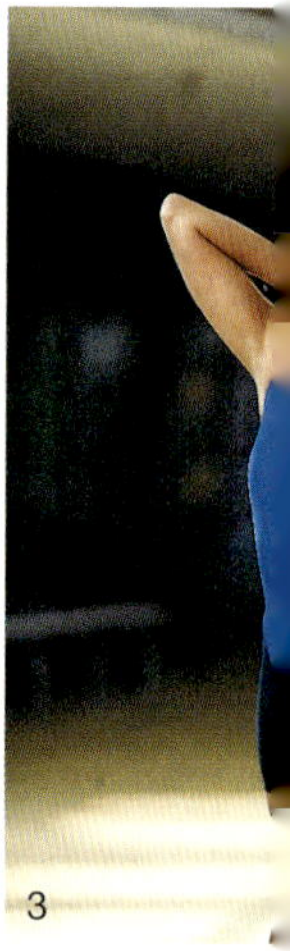
3

macht es jedoch mehr Spaß, die Schwimmbewegungen an Land nachzuahmen. Diese Hilfsgeräte sind preiswert und leicht zu transportieren. Sie ermöglichen ein Zusatztraining im Schwimmbad, zu Hause oder am Ferienort.
Man achte beim Zugtraining auf sichere Befestigung des Seils.

Technik des Ziehens

- Oberkörper in leichter Schrittstellung vorneigen,
- Seil straffen,
- Oberkörper beim Zug nicht auf- und ab bewegen,
- Schlaufe ruht im Handteller, nicht zugreifen.

Trainingsziel

Kraftausdauer in den Armen

Belastungsformen

- Höchstzahl von Zügen anstreben. Nach vollständiger Erholung einen zweiten und dritten Versuch starten.
- Serienintervall mit 6 x 30 (40, 50) Zügen. 50 Züge entsprechen etwa 50 m Kraul.
- Minutenziehen: In einer Minute (zu Beginn entsprechend geringere Übungszeit) möglichst viele Züge ausführen.

Beweglichkeitstraining

Gute Beweglichkeit im Schulter- und Fußgelenk braucht der Krauler und Rückenschwimmer, im Knie- und Hüftgelenk der Brustschwimmer. Der Schmetterlingsschwimmer benötigt eine bewegliche Wirbelsäule.

1 Fuß-, Unter- und Oberschenkelvorderseite sowie Hüftbeuger
2 Wade und Achillessehne
3 Trizeps, Latissimus, Schulter
4 Rücken, Rumpf und Gesäß
5 Oberschenkelinnenseite
6 Oberschenkelrückseite und Gesäß
7 Partnerübung: Brust, Schulter (Gerade), Latissimus
8 Partnerübung: Brust, Schulter (überkreuzen)
9 Partnerübung: Brust, Schulter (Seite), Latissimus

Baden und Schwimmen verbessert zwar ganz allgemein die Beweglichkeit. Wo aber durch Alter und einseitige körperliche Belastung der Bewegungsumfang der Gelenke kleiner wird, empfehlen sich bei häuslicher Gymnastik oder anstelle des »Einschwimmens« einige **Dehnübungen**. Bevor jedoch mit speziellen Dehnübungen begonnen wird, muss die Muskulatur gut erwärmt sein. Erst das mehrmalige Wiederholen der gleichen Bewegung bringt bei Einhalten folgender Grundsätze bald einen größeren Bewegungsausschlag und elastischere Muskulatur:
Dehnungen werden ruhig 2- bis 3-mal ausgeführt und in der entsprechenden Endposition 10–15 Sekunden gehalten.
Auch passive Dehnübungen mit Partner dürfen nicht schmerzen.

Dehnübungen für Beine, Arme, Rumpf und Schulter.

4

5

6

7

8

9

Planung einer Trainingseinheit

Verlauf und Inhalt einer Trainingseinheit werden von einer Vielzahl von Komponenten bestimmt:

- Bade- und Schwimmzeit,
- räumliche Situation (Meer, See, Fluss, Freibad, Hallenbad),
- Wassertemperatur,
- vorhandene oder fehlende Übungs- und Trainingshilfen (Schwimmbrett, Pull-buoy, Sekundenuhr, Partner).

Typischer Verlauf einer Trainingseinheit in einem Hallenbad

Badezeit
1 Stunde (mit Aus- und Ankleiden, Duschen, Körperreinigung 10 Min.). Trainingsziel: Kreislaufbelastung, allgemeines Wohlbefinden.

Einschwimmen, Aufwärmen (10 Min.)
Der Körper muss sich auf die Bedingungen des kühlen Wassers, die waagrechte Lage und auf den Wasserwiderstand einstellen. Beim Einschwimmen bewegt sich der Übende im langsamen bis mittleren Tempo und wechselt zwischen Gesamtbewegung, Arm- und Beinbewegung in der Schwimmart, die er gut kann. Anstelle des Einschwimmens kann ausnahmsweise auch eine kurze **Gymnastik** an Land treten, wenn z. B. der Aufenthalt im Wasser durch niedrige Wassertemperaturen begrenzt werden muss.

Erste Belastung
Die Intensität richtet sich nach der Trainingsabsicht. Auch innerhalb der Technikschulung lässt sich die Belastung schon gut dosieren.

Pausenschwimmen
Der Schwimmer soll sich zwischen den Serien einer Belastung erholen. Folgende Übungen sind zu empfehlen:

- Delphinspringen in brusthohem Wasser mit kräftiger Ausatmung unter Wasser.
- Kraulschwimmen mit starkem »Rollen« und entspannt weit vorschwingendem Arm. Dabei nach links und rechts atmen.
- Rückenkraulbeinbewegung mit Händepaddeln neben der Hüfte.

Zweite Belastung
Inhalt und Intensität richten sich nach der Trainingsabsicht. Die Atmung wird sich beim Training merklich beschleunigen. Die Schwimmbewegungen sollten aber immer, trotz beginnender Ermüdung, kontrolliert ausgeführt werden. Angenehme Müdigkeit nach dem Üben ist ein Zeichen von gut dosierter Belastung.

Ausschwimmen
Dabei sollen Stoffwechselprodukte abgebaut und ein Muskelkater vermieden werden.

- Langes Gleitschwimmen in Brust-, Kraul- und Rückenlage verbunden mit bewusster, tiefer Aus- und Einatmung.

Beispiel einer Trainingseinheit nach etwa 40–50 Übungsstunden

Zielgruppe: Erwachsene
Ziel: Verbesserung der allgemeinen Ausdauer
Intensität: Mittel
Methode: Mischung aus Dauer- und Intervallmethode

Belastungsumfang: 800–1000 Schwimm-Meter = 45 Min. Wasseraufenthalt

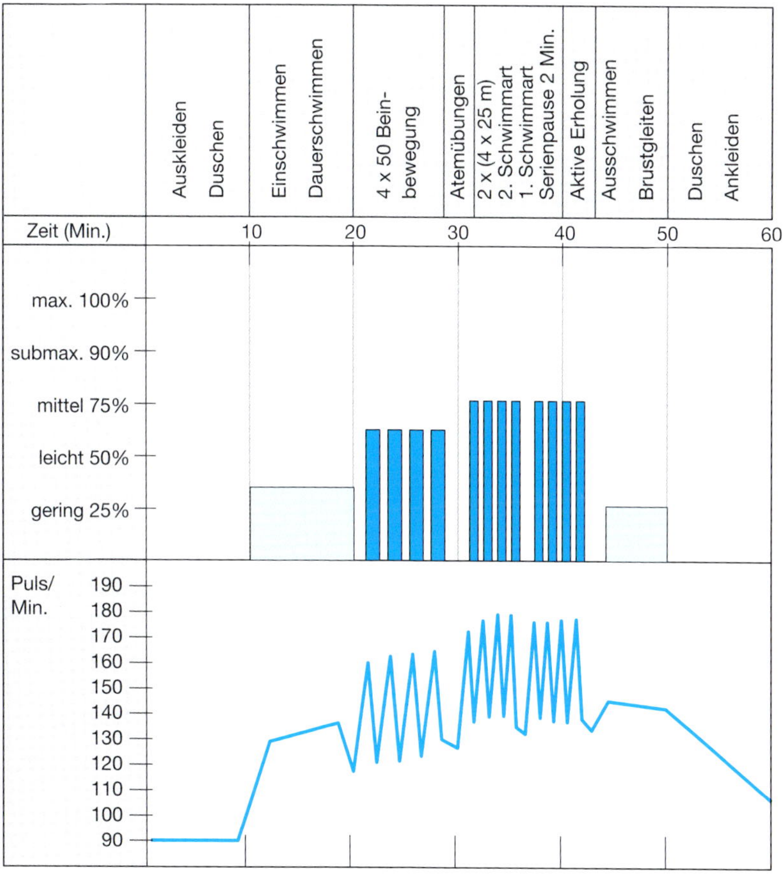

Beispiele für Trainingseinheiten

1. Übungstag

Trainingsziel
Erlernen der Kraulbeinbewegung; Verbesserung der Schwimmausdauer.

Trainingsverlauf
Aufwärmen
- 4 x 1 Bahn »Delphinsprünge«.
- 20 x Ein- und Ausatmen ins Wasser hinein.

Techniktraining
- Sitz am Beckenrand: Kraulbeinbewegung, 4 x 20-mal Auf- und Abschlagen der Beine.
- Durch das Wasser gehen: dabei Gesicht auf das Wasser, ein- und ausatmen.
- Partnerübung: Rückenkraulbeinbewegung.
- Griff in der Überlaufrinne: Kraulbeinbewegung 4 x 30-mal.
- Mehrmals durch die gegrätschten Beine eines Partners tauchen.

Ausdauertraining
- 4 Minuten Dauerschwimmen. Ausschwimmen, Spielen.

Etwa 10. Übungstag

Trainingsziel
Verbesserung der Brustarmbewegung; Verbesserung der Schwimmausdauer.

Trainingsverlauf
Einschwimmen
150 m Brustschwimmen Gesamtbewegung als »Gleitschwimmen«.

Techniktraining
- Durch das Wasser gehen: Brustarmbewegung, dabei wichtige Bewegungsmerkmale beachten.
- Brustarmbewegung mit Pull-buoy zweimal (4 x 1 Bahn). In der Serienpause Atemübungen.
- Rückengleichschlag-Armbewegung mit Rückenkraulbeinbewegung koppeln.
- Partnerübung: P1 zieht P2 mit Brustarmbewegung durch das Wasser. P2 hängt sich an den Füßen von P1 an Aufgabenwechsel nach jeder Bahn. Viermal probieren.
- Mit Delphinkörperbewegung möglichst weit tauchen (8 Versuche).
- Wenden: Wer kommt durch Abstoß vom Beckenrand möglichst weit, bis zur zweiten oder dritten Bahnmarkierung (8 Versuche)?

Ausdauertraining
- 100 m Brustschwimmen-Gesamtbewegung.
- 2 x (1 Längsbahn Rückenkraul und 1 Bahn Kraul im Wechsel).

Etwa 20. Übungstag

Trainingsziel
Kraulschwimmen-Gesamtbewegung mit Atmung; Verbesserung der Schwimmausdauer.

Trainingsverlauf
Einschwimmen
- 200 m Schwimmen, dabei streckenweise nur Kraulbeinbewegung mit Händen in Vorhalte und Atmen nach links und nach rechts.

Techniktraining
(Querbahn etwa 10–15 m)
- Abstoß: Gesamtbewegung Kraul ohne Atmung. Bei Atemnot aufstehen, durchatmen und erneut aufgleiten auf das Wasser, Kraulgesamtbewegung (8 x 1 Bahn).
- Atemübungen: Stand am Beckenrand, Hände in der Überlaufrinne. Atmen mit Kopfdrehen links und rechts. 4 x je 20 Atembewegungen.
- Abstoß: Kraulbeinbewegungen, nach 6–8 m Aufschalten der Armbewegungen, dann Kraulschwimmen-Gesamtbewegung mit Atmung.
- Rückenkraulbeinbewegung: Hände paddeln neben der Hüfte (4 x 1 Bahn).
- Kraulschwimmen-Gesamtbewegung: atmen nach der ungewohnten Seite (4 x 1 Bahn).
- Wenden: Rollen vorwärts im Wasser.
- Schmetterlingsschwimmen: Verbindung von Delphinbeinbewegung mit Kraularmbewegung.

Ausdauertraining
- 200 m »Fahrtspiel«. Während des Schwimmens steigt und fällt die Schwimmgeschwindigkeit.

Ausschwimmen, Spielen.

Etwa 30.–40. Übungstag

Trainingsziel
Verbesserung der Schwimmausdauer. Streckenlänge 500 m; Techniktraining vermindert.

Trainingsverlauf

Einschwimmen
5–10 Minuten Dauerschwimmen, dabei häufiger Wechsel der Schwimmlagen (Lagenschwimmen).

Techniktraining
Ausgewählte Übungen zum Erlernen des Delphinschwimmens.

Ausdauertraining
Am 30. und 40. Übungstag je ein Zeittest über 500 m. Zwischen dem 30. und 40. Übungstag könnte nach den Empfehlungen der »Trimm-Aktion« des Deutschen Sportbundes die 500-m-Strecke unterteilt und variiert werden. Die »Überlänge« im Trainingsprogramm verbessert die Ausdauerfähigkeiten.

Schwimmen in der Gruppe macht mehr Spaß und ist effektiver.

Aufteilung der Schwimmstrecke

30. Tag	Test 500 m		
31. Tag	200	200	100
32. Tag	250	250	100
33. Tag	300	200	100
34. Tag	400	100	100
35. Tag	300	200	100
36. Tag	300	300	
37. Tag	300	300	
38. Tag	300	300	
39. Tag	250	250	
40. Tag	Test 500 m		

Zwischen die Teilstrecken sind je 5 Minuten Pausen einzuschieben. Die längeren Schwimmstrecken sollen zusammenhängend in einer Schwimmart, die kürzeren in 50-m-Abschnitten mit Arm-, Bein- oder Gesamtbewegung der verschiedenen Schwimmarten zurückgelegt werden.

Etwa 40.–60. Übungstag

Trainingsziel
Allgemeine Schwimmausdauer; Schwimmstrecke 1000 m oder 45 Minuten Wasseraufenthalt.

Etwa 50. Übungstag

Trainingsverlauf
Einschwimmen
- 200 m Schwimmen; eine Bahn Rückenkraul und eine Bahn Kraul im Wechsel.

Ausdauertraining
Individuell beste Schwimmart
- 1 x 200 m
- 2 x 100 m
- 2 x 50 m
- 4 x 25 m

Ausschwimmen
Nach individuellen Bedürfnissen.

60. Übungstag

Test
1000 m Zeitschwimmen. Leistungsmaßstab durch das Sportabzeichen des DSB (Männer 24:00 Minuten, Frauen 29:00 Minuten).
Die **nebenstehenden Übersichten** geben Maßstäbe für sportliche Schwimmleistungen. Damit lassen sich die eigenen Leistungen besser einschätzen.

Bei den Bundesjugendspielen mit »GUT« bewertete Schwimmleistungen

	Jahre	11	12	13	14	15	16	17
50 m Freistil	Mädchen	1:01	0:59	0:57				
	Jungen	1:01	0:52	0:50				
50 m Rücken	Mädchen	1:05	1:02	1:00				
	Jungen	1:05	0:57	0:55				
100 m Kraul	Mädchen	–	–	–	1:45	1:43	1:41	1:39
	Jungen	–	–	–	1:37	1:32	1:30	1:28
100 m Brust	Mädchen	–	–	–	2:07	2:02	1:59	1:57
	Jungen	–	–	–	1:55	1:53	1:51	1:47

Ausdauerleistungen im Schwimmen **Tempotabelle**

	Strecke/Schwimmart	Zeit	50 m	100 m	Ø 50 m
Weltrekorde					
Sept. '99	100 m F Männer	0:48,21	0:23,33		
	100 m F Frauen	0:54,01	0:25,79		
	400 m F Männer	3:41,83	–	0:54,07	0:27,7
	400 m F Frauen	4:03,85	–	0:59,99	0:30,5
	1500 m F Männer	14:41,66	–	0:54,81	–
	800 m F Frauen	8:16,22	–	1:00,22	0:31,0
F = Freistil					
Deutsches Jugendschwimmabzeichen					
Bronze	200 m Schwimmen	15:00	3:15	7:00	3:45
Silber	400 m Schwimmen	25:00	2:15	5:00	3:07
Gold	600 m Schwimmen	24:00	1:30	3:20	2:00
Deutsches Schwimmabzeichen					
Bronze	200 m bel.	7:00	1:20	3:20	1:45
Silber	400 m bel.	12:00	1:10	2:30	1:30
Gold	1000 m bel. Männer	24:00	0:55	2:10	1:24
	1000 m bel. Frauen	29:00	1:10	2:30	1:34
	100 m bel. Männer	1:50	0:45	–	0:55
	100 m bel. Frauen	2:00	0:50	–	1:00
bel. = beliebig					

Spielen im Wasser

Der Blick in ein Schwimmbad zeigt nur zu einem geringen Prozentsatz die Tätigkeiten und Verhaltensweisen, die mit Lernen, Üben und Trainieren zusammenhängen.
Kinder und Jugendliche üben eigentlich nur planmäßig im Schulschwimmunterricht oder trainieren im Schwimmverein. Normalerweise wird gesprungen und getaucht, durch das Wasser gewatet und gerannt, kräftig gespritzt, dann aber wieder durch Kunststücke auf sich aufmerksam gemacht. Ein Kieselstein am Beckenboden verlockt zum Tauchen, der Spielpartner zum Wasserringkampf.
Die Trainingsgeräte Schwimmbrett und Pull-buoy dienen zu Kunststücken und Spielereien.
Daneben zieht der »Gesundheitsschwimmer« ausdauernd seine Bahnen, lockert und entspannt sich mit einigen Übungen aus der Wassergymnastik.
Mitspieler jeglichen Alters erweitern die Spielmöglichkeiten. Ein Ball wird hin- und hergeworfen. Torwartparaden im Wasser sind eindrucksvoll, aber schmerzlos. Der Partner wird gezogen, geschleppt, getragen oder wie ein Torpedo wegkatapultiert.
Die folgenden Spielvorschläge sollen zum Spielen mit und im Wasser anregen. Der Partner/Lehrer kann mit Spielen im Wasser dem Zaghaften und Ängstlichen die ungewohnte Situation »Wasser« vertrauter machen.
Welche Spiele auch wirklich durchzuführen sind, hängt entscheidend von der **Situation,** den vorhandenen **Spielgeräten** und der Anzahl der **Mitspieler** ab. Ausprobieren und nach den örtlichen Gegebenheiten abwandeln sollte man möglichst viele.
Neben der Aufforderung »Üb mal wieder!« aus dem ersten Teil des Buches steht jetzt: »Spiel mal wieder!« Das gilt für Jung und Alt.

Ungewöhnliche Bewegungsmöglichkeiten im Wasser

Rückwärtsschwimmen

- Wer kann auf dem Bauch liegend nur mit den Beinen oder mit den Armen nach rückwärts schwimmen, z. B. mit entgegengesetzter Armbewegung des Delphinschwimmens oder »falscher« Kraulbeinbewegung?
- Mit Brustarmbewegung bewegt sich der Schwimmer im Sitz oder in der Rückenlage fußwärts.

»Invalidenschwimmen«

Mit der rechten Hand die rechte Ferse festhalten und eine Strecke schwimmen.

Tiere nachahmen

Schwimmen wie ein Frosch, Eisbär, Hund oder wie eine Ente.

Veraltete Schwimmtechniken ausprobieren

Ehemalige Wettkampftechniken wie das Seiteschwimmen oder Rückenschwimmen mit Grätschbewegung der Beine werden von Erwachsenen und Senioren als gute Gebrauchsschwimmarten noch häufig verwendet. Teile dieser Schwimmtechniken braucht der Rettungsschwimmer beim Abschleppen. Zum Ausprobieren wird empfohlen:

Rückengleichschlagschwimmen (Deutschrückenschwimmen)

Die Koordination von Arm- und Beinbewegung ähnelt der des Brustschwimmens. Der Beinschluss muss dann erfolgen, wenn die Arme in der Hochhalte kurzzeitig ausgestreckt im Wasser liegen.

Seiteschwimmen

Der Schwimmer liegt in Seitenlage (links). Der linke Arm ist nach oben gestreckt. Das rechte Knie wird vor den Bauch angezogen, das linke Bein nach rückwärts abgespreizt. Mit einer Scherbewegung werden die Beine geschlossen. Dazu führt der rechte Arm eine Kraularmbewegung aus. Der linke Arm macht beim Anziehen der Beine unter Wasser einen Armzug und wird dann beim Beinschluss unter Wasser wieder nach vorne gestreckt.

Variationen der Schwimmtechnik

- Kraularmbewegung mit Brustbeinbewegung.
  Mit einem Armzug links und einem Armzug rechts wird je eine Brustbeinbewegung gekoppelt.
- Rückenkraularmbewegung mit Brustbeinbewegung.
- Schmetterlingsarmbewegung mit Brustbeinbewegung. Mit dieser Technik begann die Entwicklung des Schmetterlingsschwimmens.

Figurenschwimmen – »Kunstschwimmen«

Die Versuche, »Figuren« aus der Sportart Kunstschwimmen mehr oder weniger gekonnt nachzuahmen, bedeuten Spiel mit dem Wasser und den Bewegungsmöglichkeiten des eigenen Körpers. Bis hin zum »Familienballett« im eigenen Schwimmbad ist der Kreativität beim Figurenschwimmen keine Grenze gesetzt.

- **Beugeknie**
  Gestreckter Körper in Rückenlage: Ein Bein ist in Hüft- und Kniegelenk gebeugt.
- **»Ballettbein«**
  Körper in Rückenlage: Ein Bein ist senkrecht an die Wasseroberfläche gestreckt. Beim Doppelballettbein ragen beide Beine senkrecht über die Wasseroberfläche.
- **»Flamingo«**
  Ballettbein senkrecht zur Wasseroberfläche. Das Nichtballettbein ist zur Brust hin angezogen.
- **»Delphin«**
  Bei dieser Figur wird aus der gestreckten Rückenlage nach rückwärts abgetaucht und unter Wasser ein Kreis beschrieben.
- **»Kontradelphin«**
  Der Körper taucht fußwärts ab und beschreibt einen Kreis.
- **Handstand im freien Wasser**
  Aus der Rückenlage werden die Knie an die Brust gezogen. Dann erfolgt ein halber Salto rückwärts, bis Unterschenkel und Füße senkrecht zur Wasseroberfläche sind. Dann streckt sich der Oberkörper in die Senkrechte. In dieser Stellung bleibt der Körper einige Sekunden, Knie- und Fußgelenk sind gestreckt.

Spiel mit Geräten

Spielerischer Umgang mit Bällen

Das Spielgerät kann ein Tischtennisball, ein mittelgroßer Hohlball, ein Gymnastikball oder ein Wasserball sein.

- Den Ball auf den Beckenboden drücken, dort loslassen.

Kunstschwimmen – ein idealer Wassersport für Mädchen.

Welcher Ball springt am höchsten? Wer kann den Ball auffangen? Wer kann den Ball köpfen (siehe Abb. oben)?

- Den Ball durch die gegrätschten Beine drücken und nach einer schnellen Drehung versuchen, den Ball aufzufangen.
- Den Ball in Rückenlage von einer Hand in die andere jonglieren. Das gleiche Kunststück auch beim Wassertreten versuchen.
- Wer kann sich in der Rückenlage selbst den Ball vom Fuß auf die Hand spielen oder gar köpfen?
- Ohne Benutzung der Hände und Arme ist der Ball an eine ganz bestimmte Stelle des Beckens zu treiben. Er kann mit dem Kopf oder Knie gestoßen, der Brust geschoben oder dem Fuß weggeschlenzt werden.

  Ein Tischtennisball oder kleiner Hohlball kann auch weggeblasen werden.
- Wer kann den Ball vor dem Bauch festhalten oder zwischen den Beinen festklemmen und so Rollen vor- und rückwärts machen?
- Der Ball als Schwimmbrett-Ersatz: Klemmt man den Ball zwischen beiden Armen unter dem Kinn fest, lassen sich Kraul- und Beinbewegungen des Brustschwimmens ausführen.

  Den Ball mit einer Hand festhalten und mit dem anderen Arm Brustarmbewegungen ausführen. Den Ball auf dem Rücken festhalten und sich mit Kraulbeinbewegungen vorwärts bewegen.

Von den **Wasserballspielern** lassen sich einige »Tricks« abschauen, wie

Die Bildreihe zeigt, wie der Wasserballer den Ball mit einer Hand aufnimmt.

der Ball mit einer Hand aufgenommen, wie er geworfen und gefangen wird, wie ein Spieler mit dem Ball »dribbelt«:

- **Balldribbeln**
  Der Ball befindet sich vor der Nase. Mit schnellen, kurzen Kraularmzügen wird er von der Bugwelle vorwärtsgeschoben. Der Ball soll von den Oberarmen nicht angeschlagen werden, sonst bewegt er sich im Zickzack vorwärts.
- **Ball aufnehmen**
  Der »Wasserballer« darf – mit Ausnahme des Torwarts – den Ball nur mit einer Hand aufnehmen und werfen. Das ist gar nicht so einfach. Man greift dabei mit gespreizten Fingern unter den Ball, hebt ihn aus dem Wasser und holt mit dem Ball zum Wurf aus. Man kann auch kurz von oben mit abgespreizten Fingern auf den Ball tippen. Dabei wird er kurz ins Wasser gedrückt. Er darf aber nicht ganz untertauchen. Dann weicht die Hand nach oben zurück und wird unter den Ball gedreht. Jetzt ruht der Ball im Handteller.
- **Den Ball werfen**
  Fangen und Werfen ist wichtig bei allen Ballspielen im Wasser. Der **Schlag-** oder **Kernwurf** ist vom Ballweitwerfen her bekannt. Im tiefen Wasser ist der Körper senkrecht. Der Wurfarm wird im Ellbogengelenk stark gebeugt und schwingt mit dem Ball zurück. Vor dem Wurf hebt sich der Körper aus dem Wasser, dann schlägt der Unterarm zum Abwurf nach vorne.
  Zum **Wurf aus der Rückenlage** schwimmt der Spieler in Brustlage an den Ball heran und fasst den Ball von oben. Dann führt der Rechtshänder eine halbe Linksdrehung aus. So kommt die Hand unter den Ball und der Spieler kann aus der Rückenlage abwerfen.
  Zu einem überraschenden Torschuss verwendet der Spieler den **Druckwurf**. Hier liegt der Ball vor dem Krauler. Die Hand des rechtwinklig gebeugten Armes wird auf

den Ball gelegt und der Ball kurz angedrückt. Dabei bleibt die Handfläche am Ball. Dann dreht sich das Handgelenk so, dass der Ball schnell nach vorne gestoßen werden kann. Dieser Stoß wird auch vom Rumpf her unterstützt.

- **Den Ball fangen**
  Beim Fangen nach einem Zuwurf wird der Körper so hoch aus dem Wasser gehoben, bis der Ball mit wenig gebeugtem Arm seitlich des Körpers erreicht wird. Die Hand streckt sich dem Ball mit leicht gespannten Fingern entgegen. Berührt die Hand den Ball, geben Hand, Arm und Körper weich nach. Der Körper kommt in eine Bogenspannung, aus der dann erneut geworfen werden kann.

Sicheres Fangen des Balles.

Tauchringe und Plastikscheiben

Tauchringe gehören zur Grundausstattung jeder Schwimmhalle.
Bunte Hartgummischeiben werden gelegentlich am Strand zum »Platt'In« verwendet. Sie sind ein ideales Tauchobjekt.

- Die auf dem Beckenboden ausgelegten Tauchringe oder Hartgummischeiben sind mit einem Gleitsprung zu erreichen und möglichst tauchend zum Beckenrand zurückzubringen.
- Mit einer bestimmten Anzahl von Tauchringen (Steinchen) ist eine bestimmte Figur oder Zahl auf dem Beckenboden zu legen.

- Wer kann eine Beckenbreite mit einem Tauchring auf dem Kopf schwimmen?

Schwimmbrett

- Wer kann auf einem Schwimmbrett reitend das Schwimmbecken überqueren?
- Unter das Schwimmbrett tauchen und versuchen, beim Auftauchen das Brett möglichst hoch mit Füßen, Kopf oder Rücken wegzustoßen.
- Der Schwimmer hält das Brett vor dem Bauch fest und macht wie ein Kajakfahrer eine »Eskimorolle«, d. h. eine Rolle um die Längsachse.

Reifen

Ein Hula-Hoop-Reifen lässt sich gut bei Spielen im Wasser verwenden.

- Von unten in den Reifen hineintauchen.
- Delphinsprünge durch den im Wasser liegenden Reifen.
- Wie ein Zirkuslöwe vom Beckenrand aus kopfwärts (Wassertiefe!) durch den Reifen springen.

Zauberschnur und Fahrradschlauch

- Eine Zauberschnur lässt sich gut an einer Einstiegstreppe befestigen. Mit den Füßen in Schlaufen einhängen und gegen den Widerstand mit Armbewegung schwimmen.
  Im eigenen Schwimmbad ersetzt diese Vorrichtung eine Gegenstromanlage.

Wasser-, Spiel- und Badeschlauch
Der Wintersport hat große Autoreifen als Spielgerät jetzt für sich entdeckt. Für das Schwimmen und Baden waren sie schon immer ein beliebtes Spielzeug. Im Fachhandel werden Reifen angeboten, bei denen das Spezialventil versenkt ist. Wer mit diesem Gerät nicht selbst Spiele erfinden kann, ist ein »Spielmuffel«.

Partnerspiele ohne Geräte

Schieben

- Mit Handteller gegen Handteller oder Rücken an Rücken wird so lange geschoben, bis ein Partner den Halt verliert.
- Ein Schwimmer liegt in Bauch- oder Rückenlage im Wasser. Der Partner fasst ihn an den Füßen und katapultiert ihn weit von sich.
- Die Partner liegen in Rückenlage, Köpfe zueinander, Ohr an Ohr, Hände in Seitenhaltung. Jeder versucht, den anderen mit kräftigen Rückenkraulbeinbewegungen abzudrängen.

Stierkampf

- Zwei Partner fassen sich an den Oberarmen und versuchen, sich gegenseitig durch Kraulbeinschlag zu verdrängen.

Tauchen

- Wer kann so kräftig wassertreten, dass es einem Partner nicht gelingt, ihn durch Druck auf den Kopf unterzutauchen?
- Durch die gegrätschten Beine eines Partners tauchen.
- Zahlenraten: Ein Partner taucht unter. Der andere Partner zeigt mit seinen Händen eine (bestimmte) Zahl unter Wasser. Die Zahl muss mit offenen Augen erkannt werden.

Schleppen

- Ein Partner liegt auf dem Rücken. Der Mitspieler hakt die Füße unter den Achseln ein und zieht den Partner durch das Wasser.
- Spielerisch lassen sich »Rettungsgriffe« (am Kinn, unter der Achsel und als Fesselgriff) und »Abschleppen« versuchen.

Kunststücke

- Die Partner stehen Rücken an Rücken. Sie haben die Arme eingehakt. Der Partner zieht den Mitspieler über den Rücken hinweg.
- Ein Spieler steht auf den Schultern des anderen. Wer kann aus brusttiefem Wasser so möglichst weit ins abfallende Becken hineingehen?
- Schleudersalto im brusttiefen Wasser (nur für gewandte Schwimmer): Der »Untermann« verschränkt die Hände. Dorthin steigt der »Flieger«. Der Flieger drückt sich vom Beckenboden ab. Der Untermann unterstützt den Salto rückwärts.

Partnerspiele mit Geräten

- **Partner verdrängen**
  Zwei Schwimmer liegen sich gegenüber. Beide erfassen ein Schwimmbrett. Mit kräftiger Kraulbeinbewegung versucht jeder, den Partner möglichst weit zurückzudrängen. Mehrere Durchgänge!

- **Reiterkampf**
  Jeder der Mitspieler klemmt sich 2–3 Schwimmbretter zwischen die Beine. Jeder versucht, den anderen umzustoßen.

Partnerverdrängen als Gruppenspiel

- Partner werfen sich im bauchtiefen Wasser einen Wurfring (Ringtennis) zu. Der Ring wird gefangen und ohne Verzögerung zurückgeworfen.

- **Tandemschwimmen**
  Zwei Partner liegen auf dem Rücken. Sie halten sich an der inneren Hand. Mit Paddelbewegung der Hände bewegt sich das Paar fußwärts oder mit Rückenkraularmbewegung kopfwärts. Pull-buoys zwischen den Füßen sichern die Schwimmlage.

- **Tore schießen**
  Ein bestimmter Abschnitt am Beckenrand gilt als Tor. Aus einer gewissen Entfernung wird versucht, ein Tor zu werfen oder zu köpfen. Wechsel nach zehn Versuchen.

- **Beim Ballfangen und -werfen** den Abstand vergrößern und verkleinern.
  – Möglichst viele Kopfballzuspiele erreichen.
  – Sich einen »Zeitlupenball« wie beim Volleyball zuspielen.

Spiele in kleiner Gruppe

- **Wetttauchen**
  Zwei Partnerschaften spielen gegeneinander. P1 steht mit Blick zu P2. Letzterer taucht und zieht sich an den Beinen des anderen durch die gegrätschten Beine. Welches Paar schafft nach einer festgelegten Anzahl von Tauchsprüngen eine Beckenbreite am schnellsten?

- **Ziehwettkampf**
  Vier Mitspieler halten sich an den Händen und bilden einen Kreis um eine Boje. Wer kann an die Boje (Pull-buoy) gezogen werden?

- **Parteiziehkampf**
  Zwei kleine Gruppen stehen in Reihe. Jeder hält den Vordermann an der Hüfte. Die Vordersten jeder Gruppe fassen sich bei den Händen. Auf Kommando wird gezogen.

- **Leitertauchen**
  3–5 Mitspieler liegen auf dem Rücken. Jeder hält den Vordermann der Reihe mit den Füßen am Kopf fest. Der erste Schwimmer löst sich, schwimmt in Rückenlage unter der Kette weg. Dabei tastet er sich mit den Händen an der Kette entlang und hängt sich wieder an.

- **Reiterkampf**
  Ein Mitspieler sitzt auf den Schultern eines Partners. Durch ziehen und stoßen wird versucht, den Reiter des Gegenpferdes aus dem Sattel zu heben. Vorsicht: Unfallgefahr in Nähe des Beckenrandes!

- **Baumstammflößen**
  Die Spielgruppe bildet eine weit auseinander gezogene Gasse. Ein

Mitspieler stößt von der Wand ab, gleitet in die Gasse und hält den Körper straff gestreckt. In der Gasse wird der »Baumstamm« an Rumpf und Beinen vorwärtsgeschoben. Nach Verlassen der Floßgasse reiht sich der Spieler als Flößer ein.

- **Lebende Brücke**
  Die Mitspieler stehen hintereinander. Sie neigen den Oberkörper nach vorne, stemmen die Stirn an das Gesäß des Vordermannes und fassen dessen Hüfte. Der letzte der Gruppe erklettert den Vordermann und versucht, mit Partnerunterstützung über diese Brücke nach vorne zu gelangen.

- **Pyramide bauen**
  Kräftige Untermänner bilden einen stabilen Unterbau. Darauf wird versucht, mit abnehmender Teilnehmerzahl weitere Geschosse aufzurichten.

- **Wasserschlange**
  Jeder hält mit einer Hand den Fuß des Vordermannes. Die Seeschlange bewegt sich schwimmend und tauchend vorwärts.

Kleine Spiele

Diese Spiele werden mit viel Spaß auch an Land gespielt. Als Spielleiter sollte man die Regeln so abändern, dass sich alle Mitspieler kräftig bewegen.

Fangspiele

Bei Fangspielen sind die Fänger gut zu kennzeichnen.

- Ein Fänger legt die rechte Hand auf den Kopf und versucht, mit seiner linken Hand einen Mitspieler abzuschlagen. Wer abgeschlagen ist, hilft dem Fänger.

- **Kettenfangen**
  Eine Zweiergruppe beginnt. Die Kette wächst bis auf vier Mitspieler. Der nächste Abgeschlagene wird wieder Ansatzpunkt einer neuen Viererkette.

- Mehrere Fänger haben einen Pull-buoy. Untergetauchte Spieler können nicht abgeschlagen werden. Abgeschlagene und somit neue Fänger holen sich aus einem Depot einen Pull-buoy.

Ballspiele

- **Ballstaffel**
  Der Ball wird zwischen den gegrätschten Beinen nach hinten gereicht. Der Schlussmann einer Reihe nimmt den Ball, trägt, schiebt oder stößt ihn neben der Reihe nach vorne und reicht den Ball wieder zum Nächsten.

- **Ball hochhalten**
  In einem Kreis wird versucht, einen großen »Zeitlupenball« hochzuhalten.

- **Jägerball**
  Ein oder mehrere Jäger beginnen. Mit einem leichten Hohlball versuchen sie, die Hasen abzuschießen. Jeder getroffene Hase wird zum Jäger.

- **Treffball**
  Ein Ball liegt in der Kreismitte und soll von außen mit anderen Bällen getroffen werden.

- **Schnappball**
  Eine Mannschaft (gleichfarbige Bademützen) spielt sich den Ball zu. Die Gegenmannschaft versucht, sich den Ball zu schnappen. Gelingt dies, spielt sie sich den Ball zu. Jede Gruppe zählt ihre Fänge. Die Spielzeit in einem Durchgang wird vorher festgelegt (1–2 Minuten).

- **Reiterball**
  Reiter sitzen auf Pferden. Die Reiter spielen sich den Ball in festgelegter Reihenfolge zu, während sich die Pferde im brusttiefen Wasser bewegen. Verfehlt ein Reiter den Ball, so wechseln Reiter und Pferd.

- **Ball über die Schnur**
  Eine Zauberschnur wird in 2,50 m über das Becken gespannt. Der Ball darf die Wasseroberfläche nicht berühren (Fehler). Das Ab- und Rückspiel wird durch Absprache unter den Mannschaften geregelt.

- **Tiger- oder Tratzball**
  Ein oder zwei »Tiger« versuchen einen im Kreis zugeworfenen Ball abzufangen. Berührt ein Tiger den Ball, so tauscht er den Platz mit dem ungeschickten Werfer.

Große Sportspiele

Die Mannschaftsspiele Korbball, Basketball, Fußball (Sitzfußball), Rugby (Raufball) und Wasserball werden im Wasser auf die Möglichkeiten und Bedürfnisse der Spielgruppe hin abgewandelt.

- **Wasserkorbball**
  Gespielt wird im Lehrschwimmbecken oder Nichtschwimmerteil eines Freibades. Plastikeimer oder schwimmende Zielkörbe sind das Ziel. Der Ball darf beliebig gespielt und abgewehrt werden. Wird ein Gegenspieler festgehalten, so gibt es einen Freiwurf.

- **Wasserbasketball**
  Körbe und Zielbretter, die am Beckenrand aufzustellen sind, gibt es im Fachhandel. Es wird wohl noch einige Zeit dauern, bis solche Spieleinrichtungen auch tatsächlich in öffentlichen Bädern installiert werden.

- **Wasserrugby**
  In Anlehnung an das Wettkampfspiel Rugby muss ein Ball hinter die gegnerische Spielfeldbegrenzung gebracht werden. Der Ball darf nach vorne nur getragen werden, Würfe dürfen nur nach rückwärts erfolgen. Angriffsfläche dürfen nur die Beine der Gegenspieler sein.

- **Wasserraufball**
  Das Spielgerät ist ein großer Ball. Jede Mannschaft versucht, mit dem Ball die gegenüberliegende Beckenwand zu berühren. Der Ball kann geworfen, getragen und geschlagen werden.

- **Wasserfußball**
  Ähnlich dem Sitzfußball darf nur mit dem Fuß oder Kopf zugespielt werden. Der Tormann darf nur mit dem Kopf abwehren.

- **Wasservolleyball**
  Zweckmäßig wird Wasservolleyball im hüfttiefen Wasser gespielt.

Nützlich sind bei den ersten Versuchen ein Zeitlupenball und eine kleine Spielgruppe (3:3). Der Zeitlupenball erleichtert das Abspiel mit einer Hand. Das Hechten nach dem Ball macht besonders Spaß. Die Netzoberkante kann bis zu 1,50 Meter über der Wasseroberfläche liegen.

- **Wasserball**

In Anlehnung an das Sportspiel Wasserball sollten einige der Regeln beachtet werden:

- Der Ball darf nicht unter Wasser gedrückt werden.
- Der Ball muss mit einer Hand gefangen und geworfen werden.
- Der Tormann darf mit beiden Händen fangen.
- Es ist nicht erlaubt, sich von einem Gegenspieler abzustoßen, einen Gegner ins Gesicht zu spritzen, den Gegner festzuhalten und zurückzuziehen, zu schlagen und zu treten.

Diese Regelverstöße werden mit einem Freiwurf bestraft, der von irgendeinem Spieler an der Stelle ausgeführt wird, wo der Fehler begangen wurde. Wird ein schwerer Fehler nahe beim Tor (4 m Raum) begangen, gibt es einen Strafwurf aus 4 m Entfernung.

Zu Übungszwecken lässt sich natürlich auch Wasserball auf ein Tor spielen. Anstelle eines regulären Tores lässt sich als Torraum auch ein Abschnitt des Beckenrandes festlegen.

Richtiges Verhalten beim Baden und Schwimmen

Baden und Schwimmen dient der Erholung und Entspannung, fördert Gesundheit und Wohlbefinden. Im Allgemeinen sind Badeplatz, Schwimmhalle, Freibad, Seeufer oder Badestrand mit vielen Interessenten zu teilen. Daraus ergeben sich folgende **Grundsätze:**

> **Grundsatz 1:** Behindere, belästige und gefährde nie andere Badegäste.

Wer sich am, auf oder im Wasser aufhält, ist gefährdet. Die »Gefahren« in einem Hallen- oder Freibad unterscheiden sich von den objektiven Gefahren am Fluss, See oder Meer. Unfallträchtige oder lebensbedrohende Situationen lassen sich besser vermeiden, wenn man um die möglichen Gefahrenquellen weiß und Regeln für zweckmäßiges Verhalten kennt. Hauptursache für Unfälle beim Baden sind Leichtsinn und Selbstüberschätzung gerade von guten Schwimmern.

> **Grundsatz 2**: Bringe dich nicht selbst in Gefahr.

Die Kenntnis der subjektiven und objektiven Gefahren lässt eine Vielzahl von unfallträchtigen Situationen vermeiden.

Verhaltensregeln zu Grundsatz 1

- Vor Betreten des Wassers muss der Körper gründlich gereinigt und die Toilette aufgesucht werden.
- Mit offenen Wunden oder Hautausschlag darf in eigenem Interesse und aus allgemeinen hygienischen Gründen nicht gebadet werden.
- Schwimme beim Training im tiefen Beckenteil Längsbahnen. Absolviere kurze Übungstrecken als Querbahnen im Nichtschwimmerteil oder Lehrschwimmbecken. Vorsicht bei der Verwendung von Paddles und Flossen.
- Schmetterlingsschwimmen in überfüllten Schwimmbecken gefährdet andere Badegäste.
- Spiele so, dass es Spaß und Freude macht, aber andere nicht belästigt. Tauche den Mitspieler nicht mutwillig! Stoße niemand ins Wasser!

Verhaltensregeln zu Grundsatz 2

- Beachte Hinweisschilder und Verbotstafeln. Halte dich an die Anweisungen des Badepersonals. Nichtschwimmer und wenig geübte Schwimmer sollten Abgrenzungen und Markierungen zwischen flachem und tiefem Wasser beachten. Beschaffenheit und Neigung des Beckenbodens sind vorsichtig mit Hilfe eines Partners zu erkunden.

- Springe niemals erhitzt ins Wasser. Das kalte Wasser verengt die Blutgefäße an der Hautoberfläche; das Herz kann den Blutdruckanstieg nicht ausgleichen. Kreislauflabile sind stark gefährdet. Sonnenbaden im Boot oder »Grillen« auf der Luftmatratze mit anschließendem Sprung ins Wasser ist gefährlich.
- Gehe nicht unmittelbar nach dem Essen ins Wasser. Bei der Verdauung wird viel Blut im Bauchraum benötigt. Durch einen zusätzlichen Kälteschock kann auch das Gehirn vorübergehend schlecht durchblutet werden. Ohnmacht und Bewusstlosigkeit bedeuten höchste Gefahr für einen Schwimmer.
- Gehe nicht unter Alkohol- oder Medikamenteneinfluss ins Wasser. Alkohol erweitert die Blutgefäße der Haut. Im Wasser kühlt der Körper aus. Der Schwimmer ist schneller erschöpft. Zudem kann der Alkoholisierte Gefahren nicht richtig einschätzen. Er gefährdet sich selbst.
- Bei Gewitter ist Baden und Schwimmen im offenen Wasser lebensgefährlich.
- Wechsle nach dem Baden das Badezeug und trockne dich ab. Besonders sorgfältig sollten die Zehenzwischenräume desinfiziert und getrocknet werden. Im Winter sind die Haare gut zu trocknen und eine Kopfbedeckung zu tragen. Das schützt vor Erkältungskrankheiten.

Verhaltensregeln in besonderen Situationen

Tauchen

- Tauche nicht, wenn du ein beschädigtes Trommelfell hast. Wasser im Mittelohr stört das Gleichgewicht, unter Wasser geht die Orientierung verloren. Das verletzte Ohr kann durch ölgetränkte Watte und eine dicht anliegende, wasserundurchlässige Bademütze geschützt werden.
- Es ist falsch und gefährlich, vor dem Tauchen vermehrt und tief durchzuatmen. Durch diese »Hyperventilation« wird der CO-2-Spiegel im Blut so weit gesenkt, dass beim Tauchen das Atemzentrum zu spät gereizt und damit das Kommando »Auftauchen! Luft holen!« zu spät erfolgt. Bewusstlosigkeit oder gar Tod durch Ertrinken wären die Folge.
- Verlängere nicht künstlich die handelsüblichen etwa 30 cm langen Schnorchel. Durch diesen überlangen Schnorchel kann keine Frischluft mehr in die Lunge kommen. Ab 112 cm Tiefe ist der Wasserdruck auf den Brustraum so hoch, dass er nicht mehr in Einatmungsstellung gebracht werden kann.

Springen

Hallen- oder Freibad

Besondere Gefahrenquellen sind Sprunganlagen und unkontrolliertes, ungekonntes Springen. **Schwere Verletzungen bis hin zur Querschnittslähmung können die Folge sein.**

- Schwimme nicht unter Sprunganlagen hindurch.
- Springe nicht seitlich vom Beckenrand ins Wasser.
- Kopfsprünge in ein Lehrschwimmbecken sind lebensgefährlich. Die Mindestwassertiefe für Startsprünge beträgt 2 Meter.
- Klettere nicht überhastet auf Sprunganlagen.
- Überzeuge dich vor dem Sprung, ob die Eintauchstelle frei ist.
- Versuche zuerst einfache Sprünge. Spanne beim Eintauchen den Körper. Auch humoristisches Springen erfordert Körperbeherrschung.
- Springe nicht seitlich von einem Sprungbrett. Das führt zu Zusammenstößen mit Springern von anderen Brettern.
- Schwimme nach dem Auftauchen so zum Beckenrand, dass du nicht den Eintauchbereich einer anderen Sprunganlage kreuzt.

Offene Gewässer

- In unbekannte Gewässer nie mit einem Kopfsprung einspringen!
- Verlasse ein Ruderboot nicht seitlich mit einem Sprung. Das Boot kann kentern. Gleite fußwärts über das Heck ins Wasser.

Weiher, Seen, Flüsse

- Beim Langstreckenschwimmen muss man seine Leistungsfähigkeit und mögliche Gefahrensituationen gut kalkulieren. Das umso mehr, wenn man schlecht trainiert oder gar vor kurzem eine Krankheit überstanden hat: Krämpfe sowie allgemeine Erschöpfung, aufkommende Gewitter und kalte Strömungen sind lebensbedrohende Gefahren. Größere Strecken nur mit Bootsbegleitung schwimmen.
- Meide Gewässer mit schlammigem Boden, meide Wasserpflanzen, meide Strudel und Wirbel. Stecken die Beine im Schlamm, sollten hastige Beinbewegungen vermieden werden. Der Schwimmer muss versuchen, sich mit kräftigen Armbewegungen in Rückenlage aus dem Schlamm zu lösen. Von Wasserpflanzen befreit sich der Schwimmer, indem er möglichst flach in Rückenlage entgegen der ursprünglichen Schwimmrichtung wegschwimmt.
  Wer in Wirbel gerät, muss versuchen, seinen Körper flach zu halten und mit kräftigen Schwimmstößen aus der Gefahrenzone hinauszuschwimmen. Wird der Schwimmer unter Wasser gezogen, so muss er versuchen, am Grunde des Wirbels wegzutauchen.
- Schwimme nicht in Floßgassen und Kanälen. Wer unfreiwillig in einer solchen Situation schwimmen muss, lässt sich in Ufernähe trei-

ben, hält nach Treppen, Leitern und überhängenden Ästen Ausschau und versucht, gegen die Strömung schwimmend, anzulanden.

- Wer beim Kajakfahren in einem reißenden Gebirgsbach kentert, versucht schnell zum Ufer zu kommen. Gelingt das nicht, so lässt er sich mit den Beinen voraus treiben, um nicht mit dem Kopf an ein Hindernis zu stoßen.
- Schwimme nicht an fahrende Schiffe oder an verankerte und arbeitende Bagger heran. Kreuze nie die Kurslinie von Schiffen und Fähren.

Richtiges Verhalten am Meer

Der Urlauber aus dem Binnenland ist beim Baden und Schwimmen am Meer besonders gefährdet. Das künstliche Wellenbad in einer Schwimmhalle ist nur ein unvollkommener Ersatz für Brandung und Wellenbewegung am Meer. Ebbe und Flut sowie unterschiedliche Strömungen durch Wind und abfließendes Wasser stellen eine deutliche Gefahr für Schwimmer dar.

- Bei starkem Wellengang und kräftiger Brandung sollten vor allem Kinder nicht ins Wasser gehen. Wird man von hohem Wellengang überrascht, darf man nicht versuchen, an Steilküsten an Land zu kommen, sondern sollte eine seichte Uferstelle ansteuern. Beim Anschwimmen gegen Wellenberge werden sie durchtaucht. Wer mit den Wellen schwimmt, legt sich flach auf das Wasser und lässt sich so immer näher zum Strand tragen.
- Vor dem Schwimmen im Meer Erkundigungen über die Gezeiten (Ebbe und Flut) einholen. Rechtzeitig vor dem Eintreten von Ebbe und Flut ist das Wasser zu verlassen. Wird man von Ebbe oder Flut überrascht, so sind vor allem die Priele (das sind tiefe lange Gräben im Watt) zu meiden.
- Bei bewegtem Wasser nicht zu nahe an Steilküsten und aus dem Wasser ragende Klippen heranschwimmen. Ist das Wasser nur über steiles, scharfkantiges Gestein zu erreichen, so empfiehlt sich das Tragen von Badeschuhen.
- Mit Schlauchbooten und Luftmatratzen in der Nähe des Strandes bleiben.

  Zeigen Flaggen und Wimpel am Strand ablandigen Wind, ist sofort zum Strand zurückzukehren. Wer mit seinem Schlauchboot abgetrieben wird, soll nicht ins Wasser springen. Retter können ein Schlauchboot eher ausmachen als einen Schwimmer.

Ratschläge zur Selbsthilfe

- Rufe rechtzeitig um Hilfe, wenn du in Not gerätst! Rufe aber nicht um Hilfe, wenn du nicht wirklich in Gefahr bist. Man könnte es dir oder einem anderen im Ernstfall nicht mehr glauben.

- Verhalte dich richtig, wenn du versehentlich Wasser schluckst oder einatmest. Wasser im Mund spuckt man aus oder schluckt es hinunter. Wurde Wasser eingeatmet, richtet der Schwimmer den Oberkörper auf und versucht, das Wasser vorsichtig durch Husten nach außen zu befördern.
- Versuche Krämpfe in den Fingern, im Oberschenkel und in der Wade durch Dehnen der verkürzten Muskeln zu lösen.
  - **Fingerkrampf:**
    Die Finger werden abwechselnd zur Faust geballt und wieder gestreckt.
  - **Oberschenkelkrampf:**
    Tritt der Krampf auf der Vorderseite auf, so beugt man den Unterschenkel nach hinten und zieht ihn mit der Hand zum Gesäß (Abb. 1).
  - **Wadenkrampf:**
    Das Bein wird gestreckt und das Knie durchgedrückt (Abb. 2).

Ratschläge zur Partnerhilfe

Die Informationen dieses Abschnittes können eine Ausbildung zum Rettungsschwimmer nicht ersetzen, dem Interessierten aber Tipps zum richtigen Verhalten in Notsituationen geben.
Wie wäre zu handeln, wenn ein Schwimmer, ein Bekannter oder gar ein naher Angehöriger in einiger Entfernung vom Ufer einen Schwächeanfall erleidet, um Hilfe ruft und während der Rettungsaktion das Bewusstsein verliert?

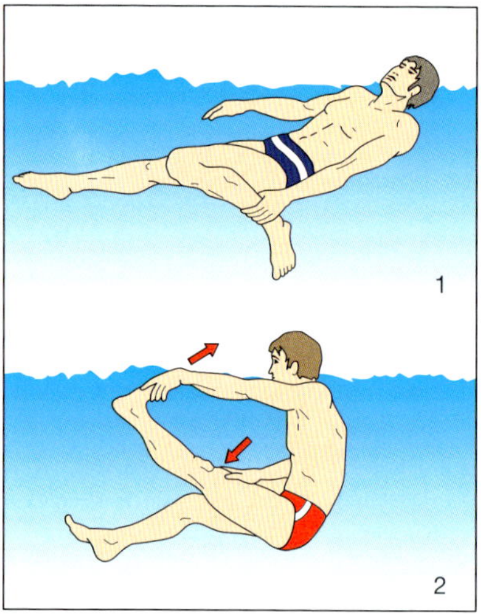

Lösen des Oberschenkelkrampfs (1) und des Wadenkrampfs (2).

Allgemeine Grundsätze

- Jede Rettung sollte, wenn immer möglich, vom Ufer aus erfolgen. Weitere Passanten bzw. Helfer sind durch Zuruf auf die Situation aufmerksam zu machen. Dem Verunglückten ist eine Rettungsstange, ein Rettungsring oder eine Rettungsleine zuzureichen oder zuzuwerfen.
- Muss die Rettung durch Schwimmen ausgeführt werden, so sollte man einen schwimmfähigen Gegenstand (z. B. Brett, Ast) mitnehmen, um eine unmittelbare Berührung mit dem Verunglückten zu vermeiden.

- Jede Umklammerung durch den Ertrinkenden ist lebensgefährlich. Das gilt vor allem für Jugendliche und körperlich unterlegene Helfer. Ertrinkende entwickeln in der Erregungsphase ganz ungewöhnliche Kräfte.
- Die Rettung ist zu unterlassen, wenn die Situation aussichtslos ist: oberhalb von Wasserfällen, in Stromschnellen, in Wehren und Strudeln.

Verlauf einer Rettungsaktion durch Schwimmen

Vorbereitung
Überflüssige Kleidungsstücke wie Schuhe, Mantel, Jacke sind abzulegen. Der Hilferuf ist an Passanten weiterzugeben, der Rettungsdienst herbeizurufen.

Anschwimmen
Wenn notwendig, nur mit einem Paketsprung (zur eigenen Sicherheit) ins Wasser springen. In mittlerem Tempo mit Blick zur Unglücksstelle anschwimmen.

Verhalten beim Ertrinkenden
Außerhalb der Reichweite in 2–3 m Entfernung anhalten und sich einen Überblick über den Zustand des Ertrinkenden verschaffen. Ist der Schwimmer noch ansprechbar, so wird er transportiert.

Transportschwimmen
Schieben (siehe Abb. re. oben).

Transportschwimmen: schieben

Der Verunglückte liegt in Rückenlage und stemmt sich an die Schultern des Retters. Der Retter schwimmt Brust.

Transportschwimmen
Ziehen zu zweit (siehe Abb. unten). Ist der Ertrinkende erregt, aber noch ansprechbar und bei Bewusstsein, so wird er abgeschleppt.

Transportschwimmen: ziehen zu zweit

Abschleppen
Mit Achselgriff. Der Verunglückte wird in Rückenlage mit gestreckten Armen unter der Achsel gefasst. Mit kräftiger Grätschbewegung der Beine

wird versucht, den Verunglückten in möglichst flacher Schwimmlage zu schleppen (siehe Abb.).

Abschleppen

Befreiungsgriffe
Das sind Hilfsmaßnahmen in höchster Not. Sie müssen unter fachkundiger Anleitung erlernt und danach ständig trainiert werden. Hier noch einmal der Rat: Einen Gegenstand, notfalls die eigene Badehose zureichen oder die Hilfe eines weiteren Retters zum gemeinsamen Transportieren nutzen.

An Land bringen
Der Verunglückte muss mit dem Rettungsgriff zu einem geeigneten Lagerplatz gebracht werden (Abb. rechts).

- Dann wird er aufgesetzt (1, 2).
- Einen Unterarm vor den Leib bringen. Mit beiden Händen die Achselhöhlen durchfahren und den Unterarm mit allen Fingern von oben überhaken, dabei die Knie beugen (3).
- Den Sitzenden auf die Oberschenkel ziehen und ihn mit gebeugten Knien rückwärts gehend wegschleifen (4).

An Land bringen mit Rettungsgriff

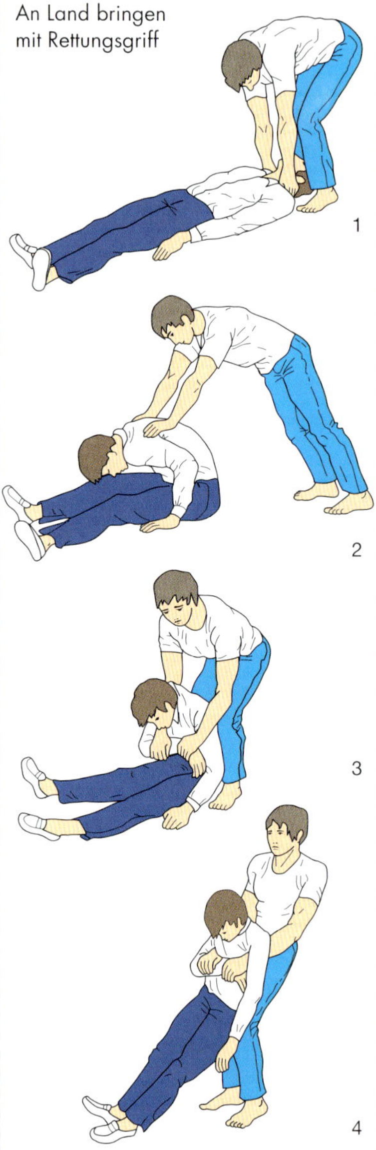

Seitenlagerung
Selbstatmende aber bewusstlose Personen müssen in stabile Seitenlage gebracht werden, um sie vor Verlegung des Kehlkopfeinganges durch die zurückfallende Zunge zu schützen (Abb. rechts).

- Den Bewusstlosen in Hüfthöhe etwas anheben und den nahen Arm gestreckt unter das Gesäß schieben (1).
- Den Fuß des nahen Beines an das Gesäß stellen (2).
- Schulter und Hüfte der entfernten Seite fassen und den Bewusstlosen zu sich herüberziehen, danach den entfernten Arm am Ellbogen etwas nach hinten hervorziehen (3).
- Den Kopf in den Nacken zurückbeugen und das Gesicht erdwärts wenden (4).
- Die Finger des nahen Armes an das Kinn schieben (5).

Atemspende
Atmet der Verunglückte nach der Bergung nicht mehr, so ist sofort mit der **Atemspende** und bei fehlendem Puls (Kontrolle am Hals) mit der **Herz-Lungen-Wiederbelebung** zu beginnen. Atemspende und Herz-Druck-Massage sind nur unter fachkundiger Anleitung bei einer der Rettungsorganisationen zu erlernen. Wenn sie hier trotzdem kurz beschrieben werden, so nur im Sinne der Auffrischung des Erlernten.

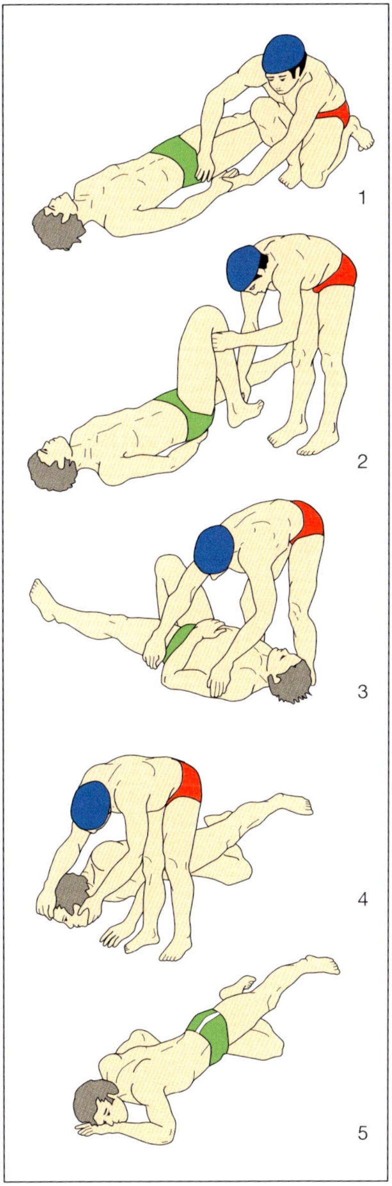

Stabile Seitenlagerung

Die Atemspende (Mund-zu-Nase-Beatmung)

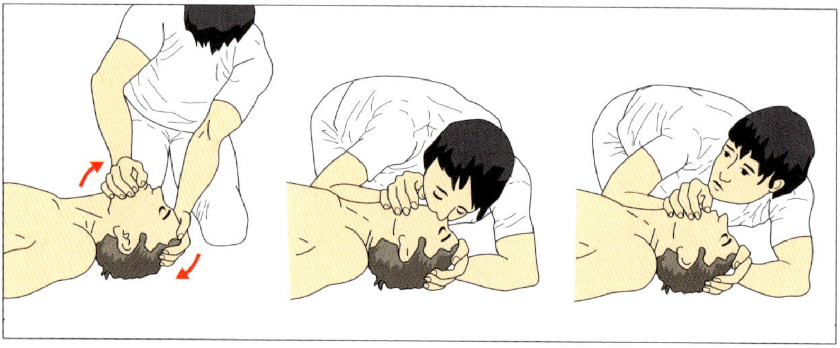

Mund-zu-Nase-Beatmung
Überstrecken des Halses. Beide Hände kippen den Kopf nackenwärts und halten ihn so fest.

- Unterlippe mit Daumen gegen die Oberlippe drücken und damit den Mund des Betroffenen schließen. Den eigenen Mund weit öffnen und einatmen.
- Den weit geöffneten Mund um die Nase herum fest auf das Gesicht aufsetzen und die eigene Ausatemluft in die Atemwege vorsichtig einblasen. Kopf abheben und zur Seite drehen, um »frische Luft« einatmen zu können, dabei das Zurücksinken von Brustkorb oder Oberbauch beobachten. Auf entweichende Luft hören und Beatmung fortsetzen.
- Nach zweimaliger Atemspende Pulskontrolle an der Halsschlagader.
- Bei tastbarem Puls: Beatmung nach eigenem Rhythmus (ca. 15-mal/min bei Erwachsenen) fortsetzen.

Herz-Lungen-Wiederbelebung
Ist die Technik der Herz-Druck-Massage bekannt, so sei hier an die Kombination mit der Atemspende erinnert.

- Jeder Zyklus beginnt mit der Beatmung und endet mit der Herz-Druck-Massage.
- 2-mal Atemspende.
- 15-mal Herz-Druck-Massage (Frequenz mindestens 80/min). Bei Fehlen des Pulses:
- Fortsetzung Herz-Lungen-Wiederbelebung bis der Rettungsdienst eintrifft.

Der Badbesuch

Von den Schwierigkeiten beim Selbstlernen und von den Problemen der richtigen Information eines Partners beim Üben wurde schon gesprochen. Die **äußeren Bedingungen** lassen häufig die guten Vorsätze zu einem planmäßigen Training scheitern. Möglicherweise hilft dabei der eine oder andere Tipp:
Jeder Schwimmer sollte im Rahmen seiner Verpflichtungen in Schule und

Beruf den passenden **Wochentag** und die günstigste **Tageszeit** für den Badbesuch ermitteln. Das muss man testen oder vom Schwimmmeister erfragen. Gleich nach Baderöffnung, kurz vor der Mittagszeit oder kurz vor Badeschluss lassen sich meist einige Bahnen ungestörter schwimmen.
Bei bedecktem Himmel und in den Abendstunden sind in temperierten Freibädern die Schwimmbecken leer. Das ist eine besonders gute Möglichkeit, um zu trainieren. Auf dem Weg von und zu den Umkleidekabinen schützen ein Bademantel, Trainingsanzug und Badeschuhe vor Erkältungen. Der einzelne Badbesuch wird preiswerter, wenn man eine **Dauer-, Familien-** oder **Mehrbäderkarte** erwirbt. Der sanfte Zwang, die Karte auch zu nutzen, reizt zum häufigeren Badbesuch. Vielfach gewähren Badeverwaltungen in den Abendstunden Preisnachlass:
Bevor sich ein Schwimmer Übungshilfen selbst kauft, ist zu klären, ob diese Hilfsgeräte auch in öffentlichen Bädern benutzt werden dürfen. Vorher sollte man versuchen, sich einmal ein Schwimmbrett, einen Pull-buoy oder Schwimmpaddles von einem hilfsbereiten Schwimmmeister auszuleihen.

»Kundendienst« durch Badeverwaltungen
Öffentliche Bäder sind Zuschussbetriebe. Jeder Kunde, der neu gewonnen wird oder regelmäßiger zum Baden kommt, vermindert das Defizit. Badeverwaltungen sollten überlegen, ob nicht das eine oder andere dieser Anregungen zu verwirklichen ist. Die Tendenz zum Bad als **Freizeitzentrum** mit Spielanlagen, als **Gesundheitsstation** mit Sauna, Massage und medizinischen Bädern ist recht deutlich.
Das **Schwimmbecken als »Spielplatz«** im Wasser, mit einem Wasserballtor oder Basketballkorb, mit Klettergeräten und Schaukeln, ist noch nicht recht publik. Durch geeignete Konstruktion der Beckenränder ließe sich die Unfallgefahr mildern. So wie eine Sprunganlage auch nur bei wenig Schwimmbetrieb und unter Aufsicht freigegeben wird, so lässt sich das auch für den »Spielplatz« im Wasser denken. Ein Schwimmbad ohne stationäre oder bewegliche **Sekundenuhren** sollte es nicht geben. Dieser »Kundendienst« wird nicht nur von den Schwimmvereinen, sondern auch von vielen »Gesundheitsschwimmern« genutzt. Die Trainingsanregungen gerade dieses Buches wären auf diese Uhren angewiesen. Die Uhren müssen aber so groß sein, dass sie Kurzsichtige, die ihre Brille beim Umkleiden ablegen, vom Wasser aus erkennen können.
Zum Service gehörte auch, **Schwimmbretter, Pull-buoys** und **Paddles** an Interessenten zu **verleihen** – nach Möglichkeit ohne Preisaufschlag. Gegen Hinterlegung der Bademarke oder des Kabinenschlüssels werden die Geräte ausgegeben. So würden sie auch zuverlässig wieder zurückgebracht. Das Bad als Fitnesszentrum mit einem Konditionsraum ist noch

selten. Aber stabile Vorrichtungen zum Einhängen von Zugseilen würden mit Sicherheit nicht nur von Vereinsschwimmern, sondern gelegentlich auch von Badegästen genutzt.
Ein engagierter Schwimmmeister nimmt **Schwimmscheine** ab und stellt sich für die Abnahme von Sportabzeichenleistungen zur Verfügung. Feste Abnahmezeiten werden durch Anschlag bekannt gemacht.
An geeigneter Stelle im Schwimmbad sollten gleichrangig neben den Hinweisen auf das Verhalten beim Schwimmen auch **Bildtafeln** zu den einzelnen Schwimmtechniken angebracht werden. Das reizt zum Anschauen und zum Ausprobieren.
Auch moderne Medien ließen sich für einen originellen Service einsetzen. Im Vorraum der Schwimmhalle wird an geschützter Stelle ein **Fernsehapparat** aufgestellt. In Abständen spielt ein Videorekorder **Informationen zum Schwimmen** ab. Zeitlupenaufnahmen der Schwimmtechnik, Unterwasserstudien, Übungsvorschläge werden gezeigt. Gerät und Betrieb ließen sich durch Werbespots oder durch Informationen der örtlichen Schwimm- und Sportvereine finanzieren.

Literatur

Bayerisches Rotes Kreuz (Hrsg.): Lehrbuch für das Rettungsschwimmen. München 1998.

Bayerischer Schwimmverband, Verbandstagsberichte 1998 und 1999.

Bucher, W./Arent, E./Maag, A.: 1001 Spiel- und Übungsformen im Wasser. Schorndorf 1992.

Counsilman, J. E.: Handbuch des Sportschwimmens. Bockenem 1993.

Deutsches Rotes Kreuz (Hrsg.): Erste Hilfe Handbuch, Bonn 1991.

Deutsches Rotes Kreuz (Hrsg.): Schwimmen und Retten mit der Wasserwacht. Bonn 1977.

Lewin, G. (Autorenkollektiv): Schwimmsport. Berlin 1977.

Makarenko, L.: Schwimmtechnik. Berlin 1978.

Volck, G. (Hrsg.): Schwimmen in der Schule. Schorndorf 1977.

Wilke, K.: Anfängerschwimmen. Hamburg 1990.

Wilke, K.: Schwimmen, Sport Gymnasiale Oberstufe. Düsseldorf 1988.

Wilke, K./Daniel, K.: Wendetechniken im Schwimmsport, Sportpraxis 1/95.

Wilke, K./Daniel, K.: Schwimmen, Lernen – Üben – Trainieren. Wiesbaden 1998.

Know-how für die Trainingspraxis

BLV aktiv + gesund
Monika Nienaber
Wassergymnastik
Wassergymnastik als Fitness- und Ausgleichssport für jedermann, als Therapieform bei verschiedenen Erkrankungen und als sportartspezifisches Training.

blv fitness
Tanja Krodel
Aqua Fitness
Schonendes Fitnesstraining im Wasser – individuell dosierbar und auch als Reha-Maßnahme geeignet: Übungen zur Kräftigung aller Muskelgruppen und zur Verbesserung der Ausdauer.

BLV aktiv + gesund
Heike Höfler
Die Nackenschule
Durch gezielte Entspannung Nackenbeschwerden vorbeugen: einfache Übungsprogramme zur Kräftigung von Kopf-, Hals- und Schultermuskulatur und zur Linderung bereits bestehender Beschwerden.

BLV Sportwissen
Ludwig V. Geiger
Gesundheitstraining
Bewegung als Ergebnis menschlicher Evolution, soziokulturelle Aspekte von Bewegung, Grundwissen über die Physiologie der Bewegung und des Trainings, Anleitungen zum Training.

BLV Sportpraxis Top
Rudolf B. Holzapfel
Richtig Tauchen
Tauchmedizin, Physik, Taucherkrankheiten, Ausrüstung, Tauchpraxis, Tauchtauglichkeit; empfohlen vom Verband Internationaler Tauchschulen (VIT).

BLV aktiv + gesund
Dieter Beh
Atemgymnastik
Richtig atmen – richtig entspannen – gesund bleiben: Grundlagen und Übungen zur Körperwahrnehmung, Aufbau und Funktion der Atemorgane, praktische Übungsprogramme zur Atemgymnastik.

Im BLV Verlag finden Sie Bücher zu den Themen:
Garten und Zimmerpflanzen • Natur • Heimtiere • Jagd und Angeln • Pferde und Reiten • Sport und Fitness • Wandern und Alpinismus • Essen und Trinken

Ausführliche Informationen erhalten Sie bei:

BLV Verlagsgesellschaft mbH • Postfach 40 03 20 • 80703 München
Tel. 089/12705-0 • Fax 089/12705-543 • http://www.blv.de